Dieter Nuhr
Gut für dich!

Weitere Titel des Autors:

Das Geheimnis des perfekten Tages
Der ultimative Ratgeber für alles
Die Rettung der Welt

Titel auch als Hörbücher erhältlich

DIETER NUHR

GUT FÜR DICH!

**Ein Leitfaden für das Überleben
in hysterischen Zeiten**

Lübbe

Die Bastei Lübbe AG verfolgt eine nachhaltige Buchproduktion.
Wir verwenden Papiere aus nachhaltiger Forstwirtschaft und
verzichten darauf, Bücher einzeln in Folie zu verpacken. Wir stellen
unsere Bücher in Deutschland und Europa (EU) her und arbeiten mit
den Druckereien kontinuierlich an einer positiven Ökobilanz.

NACHHALTIG
PRODUZIERT

Dieser Titel ist auch als Hörbuch
und E-Book erschienen

Vollständige Taschenbuchausgabe
der bei Bastei Lübbe erschienenen Hardcoverausgabe

Copyright © 2020 by Bastei Lübbe AG,
Schanzenstraße 6–20, 51063 Köln

Umschlaggestaltung: fuxbux, Berlin
Umschlagmotiv und Fotos im Innenteil: © Dieter Nuhr
Satz: fuxbux, Berlin
Gesetzt aus der Egyptienne, der Bourton und der Cervo
Druck und Verarbeitung: DRUK-INTRO SA
Printed in Poland
ISBN 978-3-404-61704-3

9   11   10   8

Sie finden uns im Internet unter www.luebbe.de
Bitte beachten Sie auch: www.lesejury.de

ERSTES BUCH:
EIN BUCH!

Ein Buch! Du liest ein Buch! Das ist etwas Wunderbares! Ein Buch richtet sich an Leute, die lesen können. Also an dich! An Alphabetisierte, an Gebildete, die eine Kulturtechnik beherrschen, die ihren Höhepunkt im letzten Jahrhundert hatte, als es massenhaft Leser gab, die lange Texte entziffern und teilweise sogar begreifen konnten. Diese Fähigkeit ist leider weitgehend verloren gegangen. Schade.

Heute sind die meisten Leute gerade noch in der Lage, eine Textnachricht zu verarbeiten. Schon das strengt sie an. Mehrere Stunden am Tag müssen sie auf den Bildschirm ihres Smartphones glotzen, um zu begreifen, was ihnen mitgeteilt wurde. Hektisch werden Antworten formuliert, die im Wesentlichen aus Emojis bestehen, einer Zeichensprache auf Basis von Bildern. Kommunikation findet heute auf einem Niveau statt, das man als kindgerecht bezeichnen könnte. Das ist gut und demokratisch! So kann jeder mitreden, auch wenn er sich geistig auf Vorschulniveau befindet.

Und es ist immer noch besser als in ganz alten Zeiten, im 13. Jahrhundert beispielsweise, als die meisten Menschen überhaupt nicht lesen konnten, nicht einmal SMS, Wegbeschreibungen oder Medikamentenbeipackzettel. Vielleicht gab es deshalb in diesen Zeiten keine Medikamente. Viele starben damals an der Pest.

Ein Buch zu schreiben ist heutzutage im Grunde eine Provokation. Bücher erscheinen uns heute elitär, weil sie sich ausschließlich an Schriftgelehrte richten. Für alle anderen gibt es zwar eine Hörbuchfassung, aber man kann nicht leugnen, dass das gedruckte Exemplar die eigentliche Urgestalt des Buches ist. Natürlich kannst du es auch als E-Book streamen oder in vorgelesener Form downloaden. Aber das physische Buch zum selbstständigen Umblättern richtet sich ausschließlich an das gebildete Volk. In diesen Zeiten wird aber zu Recht stark darauf geachtet, dass niemand ausgeschlossen wird!

Es ist natürlich richtig, sich zu fragen, was mit jenen ist, die am Buchmarkt nicht teilnehmen können, weil ihnen die Fähigkeit fehlt, gedruckte Zeichen im Hirn zu Silben oder sogar Worten zusammenzufügen und dann noch ihre Bedeutung zu erfassen. Es gibt aber noch weitere gesellschaftliche Gruppen, die sich durch dieses Buch ausgeschlossen fühlen könnten: Tote beispielsweise, weil es für sie zu spät zum Lesen ist, religiöse Fundamentalisten, die zu Recht fürchten, ihr Glaube würde in diesem Buch infrage gestellt, oder Idioten, weil sie sich bei der Lektüre fragen: »🫨?! 😱! 💩.«

Hoffnung gibt, dass inzwischen sogar Rapper Bücher schreiben. Der unter Pubertierenden bekannte Reimeschmied Kollegah hat einen Ratgeber geschrieben, der aus »vogelstraußartigen Fridolins, die auf die Backen brauchen«, und »unterficktem Total-Lauch« endlich »Bosse« machen soll. In Buchform soll den niedersten Formen des Mannes, also Panda-Fahrern oder BahnCard-Besitzern, beigebracht werden, wie man es zum »Alpha« bringt. Nichts bleibt unversucht, den scheinbar hoffnungslosen »Pussys« dieser Welt in schriftlicher Form beizustehen.

Dass dabei auch Worte wie »unterfickt« verwendet werden, sollte auch sprachsensible Gebildete nicht stören. »Ficken« hat als Verb bei Rappern eine ähnliche Funktion wie das Wort »schlumpfen« unter Schlümpfen. Es ersetzt alle anderen Tuwörter. Der Satz »Alter, hab üsch voll gefickt!« kann auch bedeuten: »Die Überweisung ist zeitnah ausgeführt worden.«

Viele fragen auch: Wie kann man ein Buch schreiben, während da draußen wahlweise der Klimawandel, der Bürgerkrieg in xxx oder der Populismus tobt? Ich kann dazu nur sagen: Es geht! Ich gehe sogar so weit zu behaupten: Es muss! Irgendwo auf der Welt gibt es immer einen Grund innezuhalten. Hätte aber immer alles stillgestanden, wenn der Mensch wieder irgendwo auf der Welt Unfassbares verbrochen hat, in Bosnien, in Vietnam, im Dritten Reich, in Böhmen, Konstantinopel oder Babylon, dann würden wir heute noch an der Erfindung des Rades tüfteln.

7

Der Mensch hat großes Talent zum Massaker, und es ist dem Wunder der Zivilisation zu verdanken, dass er heute so selten in die Schlacht zieht. Ja, du hast richtig gehört: So ist es! Wir leben in wenig kriegerischen Zeiten, wenn man die Zustände heute mit dem vergleicht, was früher üblich war. Noch in der frühen Neuzeit starb ein Großteil der Menschen an einem Knüppel auf dem Kopf oder einer Hellebarde im Hirn.

Zugegeben, dieser Zustand scheint in Gefahr, weil sich die Wähler in den Demokratien der Welt immer öfter für Kandidaten entscheiden, die den Ausgleich zwischen den Völkern verachten und uns zurückführen möchten in eine Welt, in der die Nationen wieder aufeinander einprügeln.

Es sind ja nicht die Politiker, die uns die Barbarei zurückbringen, es ist der Wähler. Nicht mehr die Putschisten des 20. Jahrhunderts gefährden die Freiheit, geriatrische Gestalten im Generalsrang, mit Hunderten von Orden auf der Brust, Gehstock, Augenklappe und Papagei auf der Schulter. Es ist die Stimme des Volkes, des Mobs, des Pöbels, also jene Gestalten, die behaupten, sie wären das Volk, und dann mit der Hypophyse an der öffentlichen Meinungsbildung teilnehmen, weil sie nicht gelernt haben, wie man den vorderen Stirnlappen unfallfrei bedient.

Freiheit und Kultur sind keine Selbstläufer, sie müssen aktiv erhalten werden und sind immer bedroht von den aggressiven Urinstinkten der haarlosen Affen, also unseren Artgenossen.

8 Dennoch: Der Istzustand unserer Gemeinschaft ist besser denn je. In unserer Gesellschaft gilt es als Menschenrecht, keinen Fausthieb auf die Nase zu bekommen, bloß weil man nur 1,60 Meter groß ist, schwächlich und hässlich. Das war in der Geschichte der Menschheit üblicherweise anders. Dass wir heute einen Rechtsstaat haben, der es Kampfunfähigen erlaubt, wegen gebrochener Nasenbeine Schmerzensgeld einzuklagen, ist eine große Errungenschaft, auch wenn das mancher bedauert, der mit 120 Kilo auf 1,98 Meter immer gut damit gefahren ist, Prügel zu verteilen. Wer liest, prügelt nicht. Schon deshalb ist dieses Buch hier ein Beitrag zur Friedenssicherung!

Natürlich ist ein Buch heute ein ambitioniertes Produkt. Wer soll es kaufen? Ich gehe oft durch Dörfer und Städte und betrachte die Menschen, die sich dort wie Ameisen bewegen, scheinbar planlos, aber doch unsichtbaren Befehlen folgend. Dann bin ich überrascht, dass es überhaupt noch Buchläden gibt – diese Wesen erscheinen auf den ersten Blick nicht lesetauglich!

Höre den Menschen zu! Wie sie reden! Überall dringen Gesprächsfetzen ins Ohr: »Woos!?« »Üsch krass!« »Wosoäh!« Wenn sich diese Wesen fortpflanzen und sich die Degeneration fortsetzt, dann werden altmodische Datenträger wie Bücher keine Chance mehr haben, weil man in ihnen weder wischen noch scrollen kann.

Das ängstigt uns Schriftgelehrte. Wir fragen uns: Wird es in Zukunft noch so etwas wie Semantik geben? Hat wenigstens die Syntax noch eine Überlebenschance, nachdem die Orthografie bereits weitgehend geopfert wurde? Die Antwort ist: Ja!

9

Aber worauf mein Optimismus gründet, ist mir selber nicht ganz klar, wahrscheinlich in erster Linie auf gutem Weißwein, oder irgendjemand hat mir etwas ins Trinkwasser getan.

Natürlich gibt es immer noch genügend Leute, die ganze Bücher lesen, sodass man mit Fug und Recht sagen kann: Bücher richten sich vielleicht nicht an alle, aber an mehr als eine kleine überschaubare Elite. Aber weit mehr Leser schmökern WhatsApp-Nachrichten, Instagram-Posts oder SMS, eine inzwischen veraltete Kurznachrichtenform für Senioren. Wenn die Menschen dann mehr als 100 oder 200 Zeichen aufgenommen haben, sind sie erschöpft. Ihre Lesefähigkeit ist begrenzt. Selbst eine Speisekarte sollte heute nicht mehr als ein paar Seiten haben und klar unterteilt sein.

Auf den Menüs vieler Restaurants sind heute Bilder neben den Speisen, damit die, die im Lesen nicht zu 100 Prozent firm sind, wissen, was gemeint ist. Auf reinen Text blicken diese Menschen mit verkrampften Gesichtsmuskeln. Es ist, als wären die Augen wie ein Nadelöhr für die Buchstaben. Sie passen nur einzeln hindurch, aber nicht in verständlichen Bündeln. Erst die Bilder machen es den Zeitgenossen möglich, schriftliche Information umzusetzen, ohne dass es im Kopf anfängt zu rauchen.

In vielen Restaurants leuchtet das Essen in großen Tafeln von der Wand. Da steht dann: Happy Meal. Und jeder weiß, was gemeint ist, außer ein paar Hippies vielleicht, die glauben, ein Happy Meal sei, wenn die Kinder Spaß haben und sich mit Goji-Beeren-Bulgur-Pampe oder Tofu-Wirsing-Eis einreiben.

Unter ganz alten Menschen gibt es sicher einzelne, die ein Happy Meal für eine Mahlzeit halten, die glücklich eingenommen wird. Das ist aber nicht der Fall. Das Happy Meal wird möglichst schnell hinuntergeschlungen. Dann macht es aufgrund der enthaltenen Chemikalien kurz glücklich. Anschließend sinkt der Blutzuckerpegel rasant ins Bedenkliche, und man bestellt noch einen Cheeseburger nach.

Natürlich gibt es auch heute noch Restaurants, die ihre Speisen in kleinen Buchstaben niederschreiben, einige sogar handschriftlich. Solche Restaurants richten sich aber in erster Linie an alte Menschen, die aufgrund ihres langen Lebens im vorigen Jahrhundert noch Handgeschriebenes entziffern können. Solche Menschen könnten eine ägyptische Grabkammer betreten und problemlos lesen, was an der Wand steht. Bewundernswert!

Wenn in handgekritzelten Speisekarten die Wörter Sashimi oder Wagyu vorkommen, richtet sich das Etablissement ausschließlich an Erben, Startup-Entrepreneure oder Private-Equity-Investoren. In solchen Läden kann man in der Regel gut essen, wenn man es schafft, das um einen herum Gesprochene als weißes Rauschen zu ignorieren. Allerdings ist das ererbte, erwurschtelte oder ergaunerte Vermögen danach meistens weitgehend verbraucht.

Dinge verändern sich. Kein Mensch wusste nach dem Krieg, was ein Happy Meal sein könnte. Viele hätten wahrscheinlich gedacht, es handele sich um die Siegermahlzeit der Alliierten.

11

• EL ALTO // BOLIVIEN •

Nicht nur in Südamerika kommt es vor, dass die
für die Essenszubereitung nötigen Hilfsmittel an
der Wand hängen. Sie wirken dann, als wollten
sie Kunstwerken oder Häkeleulen Konkurrenz
machen. Man sollte ihnen mitteilen, dass es
niemandem guttut, seine eigene Rolle zu über-
schätzen. Es ist immer unzufriedenstellend,
wenn man seinen eigenen überzogenen Ansprüchen nicht genügen kann. Am Ende ist man
unglücklich und weiß nicht, warum.

Heute geht es bei der sprachlichen Kommunikation nicht mehr um klare Mitteilungen wie »Schweineschnitzel Wiener Art, Kroketten, Salat«, sondern eher um die Erzeugung von Assoziationen: »Big King XXL und ein Double Steakhouse«. Wer hier nicht eingeweiht ist, hat keine Chance auf Erkenntnis.

Menschen sind heute an Textinterpretation nicht mehr gewöhnt. Ganze Sätze gelten als Ausdruck einer elitären Geisteshaltung und werden mit Faust auf Fresse quittiert.

> »Vollkontakt
> Alla Ong Bak
> Komm ran Opfer du bist Honda ich sagat …«

Diese Zeilen sind von Haftbefehl, einem zeitgenössischen musikalischen Literaten. Selbst in kulturellen Äußerungen wie hier geht es mehr um das Lautmalerische als um inhaltliche Kommunikation. Hafti hat die deutsche Sprache erfolgreich dekonstruiert. Wenn einmal korrekte Satzstellung benutzt wird, ist die Wortwahl meist überraschend unpoetisch:

> »Du weißt, dass ich Babo bin,
> weil ich deine Mutter fick!«

Da sich die Zeile an alle Hörer richtet, scheint der Eindruck, Hafti würde hier mit seiner sexuellen Virilität prahlen und übertreiben, nicht ganz abwegig zu sein. Alle Hörer, vor allem jene, deren Mütter über 80 sind und einen Herrn Haftbefehl gar nicht kennen, werden sich fragen, ob die Behauptung den Tatsachen entspricht. In den meisten Fällen wird man festhalten können: Nein.

13

Ich möchte dazu sagen:

> Vollhonk wie mir, wird so Semantik
> voll schwer am Verstehen – bin zu antik

Die Sprache hat sich differenziert und ist über die Heimatszene hinaus oft kaum noch zu verstehen. Im Alltag hat sie sich reduziert und alle barocken Schnörkel abgeworfen. Als älterer Mensch ist man immer öfter völlig unfähig, zu begreifen, worum es eigentlich geht. Der eine sagt: »Ey!«, und der andere antwortet: »Total!«

Dagegen ist erst mal nichts zu sagen außer: »😝?«

WAS DU
WISSEN MUSST

Dieses Buch bedient sich weitgehend der Sprache, die in meiner Generation gesprochen wird, wenn man in gemischten Gruppen bei Linsensuppe oder Hotategai-Nigiri sitzt.

Es ist ein gesundes Buch, auch wenn es weder Vitamine noch Ballaststoffe enthält. Es ist geistige Nahrung, allergiegetestet und vegan, also frei von tierischen Inhalten wie Gelatine, Augen oder Pansen. Es enthält keinerlei Rückstände atomarer Zerfallsprozesse. Die enthaltenen Ideen sind klimaneutral. Menschen kamen beim Schreiben nicht zu Schaden.

14 Und was den meisten viel wichtiger sein dürfte: auch keine Tiere!

Nur bei der Auslieferung durch den Paketservice soll es vereinzelt dazu kommen, dass Zusteller am Rücken verletzt werden. Dies geschieht aber nur dann, wenn das Buch von einem Onlineversand gemeinsam mit einer Waschmaschine in den vierten Stock ohne Aufzug zugestellt wird. Die Bandscheibe! Gute Besserung!

Die im Buch enthaltenen Gedankengänge lassen sich ideologisch schwer zuordnen, wenn man davon absieht, dass das Lesen dieser Schrift Spaß macht und damit fundamentalistischen Religiösen ein Dorn im Auge sein dürfte. Auch Stalinisten und Nazis werden wenig Freude daran haben, Erstere weil es keinerlei kommunistische Propaganda enthält, Zweitere weil sie es nicht verstehen werden.

Das Buch enthält keinerlei pornografische Szenen mit Tieren. Hunde sollten das wissen, bevor sie euphorisch den nächsten Buchladen ansteuern.

Es wurden weder Forschungsgelder verschwendet noch wurden Gegenstände von der Industrie zu Testzwecken unentgeltlich zur Verfügung gestellt. Ich habe das Ganze auf einer Adler-Schreibmaschine getippt, umweltschonend ohne Strom und ohne Farbband. Die Buchstaben haben sich in dickes Recyclingpapier eingedrückt wie Keilschrift, die in Tontafeln geritzt wurde. Die Furchen wurden dann mit einem natürlich abbaubaren Pulver gefüllt, das bei Schwarzlicht sichtbar wird, und anschließend digital abfotografiert. Ökologischer geht es nicht, wenn man davon absieht, dass ich beim Schreiben CO_2 abgesondert habe, was hätte vermieden werden können, wenn ich im kreativen Prozess auf **15** wesentliche Lebensfunktionen wie Atmen verzichtet hätte. Das wäre mir aber, ehrlich gesagt, zu anstrengend gewesen.

Geschrieben wurde das Buch bei Wasser, Brot und reinem Alkohol. Es verzichtet auf gendergerechte Sprache, nicht aus Ignoranz, sondern bewusst, um Zeit, Platz sowie Druckerschwärze und -*_schwärzinnen beziehungsweise Druckerschwärzende zu sparen. Außerdem sollte das Ganze lesbar bleiben.

Verlag und Autor haben größten Wert auf ein schönes Druckbild gelegt. Es wirkt erstaunlich gelungen, vor allem wenn man bedenkt, dass das Ganze in Kartoffeldrucktechnik gefertigt wurde. Dabei wurde viel Augenmerk darauf gelegt, dass die Kartoffeln nicht aus Käfighaltung stammen. Es handelte sich ausschließlich um biologische-dynamische Präzisionskartoffeln, weshalb optisch keinerlei Abstriche gemacht werden mussten.

Auf Zwangsarbeit wurde verzichtet. Die für das Papier gefällten Bäume wurden nicht nur nachgepflanzt, sondern erhielten eine finanzielle Entschädigung und psychologische Betreuung. Für die E-Book- und Hörbuchfassung wurde gänzlich auf Papier verzichtet.

Ich bin happy, satisfied und geradezu grateful, dass ich Anglizismen weitgehend vermeiden konnte. Die Crowd mag es nicht, wenn so hardcoremäßig strange im foreign Style vor sich hin gechattet wird, selbst wenn es vom Sound her easy rüberkommt. Da nehme ich gerne Backsight.

16 Mir persönlich wäre es egal gewesen, um nicht zu sagen: whatever! Sprachen sind ohnehin ständiger Veränderung unterworfen, und in Zeiten globaler Kultur werden immer schneller fremde Worte interkariert. Das ist kein Schaden, sondern eine Bereicherung. Cool! Klagen diesbezüglich sind oft nur oberflächlich verbrämte Versuche, der Ablehnung des Fremden eine kulturelle Maske überzustülpen.

Sprachwächter beklagen gerne das inflationäre Operieren mit germanophobem Vokabular oder ein Crescendo xenogenetischer Phraseologie. Es macht sie elegisch, dass sich das Teutophone in der Regression befindet. Mir erscheint das subjektiv von eher dezenter Relevanz. Schnurzpiepegal!

Wichtig ist: Wenn du dieses Buch gelesen hast, wirst du glücklich und gebildet sein. Und wer wäre das nicht gerne? Diese Zeilen helfen dir dabei. Die Lektüre wird dich besser machen. Sie wird vielleicht deine Einsicht stärken und dein Verständnis für die Gegenwart. Vielleicht aber auch nicht. Egal. Locker bleiben!

Allerdings wird im Buch auch hier und da ein winziges bisschen übertrieben. Wahrscheinlich stehen sogar schon in diesen ersten Absätzen ein paar kleinere Lügen und Übertreibungen. Vielleicht wirst du nach dem Lesen also gar nicht vollständig selig und schlau sein, wenn du es nicht schon vorher warst. Aber es kommt natürlich auf einen Versuch an.

GREIF ZU!

Ratschläge erscheinen in diesem Buch in roten Großbuchstaben. Nimm sie ernst! Dann wirst **17** du ein erfülltes Leben haben. Womit gefüllt, lässt sich jetzt noch nicht sagen. Aber irgendwie kriegst du die Zeit schon rum.

Irgendwo in diesem Buch steht etwas, was dich fundamental weiterbringen wird. Da bin ich sicher! Ein Ratschlag, der dein Leben ändern wird. Vielleicht willst du dein Leben aber gar nicht ändern? Dann ignoriere ihn einfach.

Vielleicht suchst du Hilfe, vielleicht auch nicht. In beiden Fällen wird dir dieses Buch ein verlässlicher Begleiter sein. Es sagt dir:

MACH, WAS DU WILLST!

Aber am besten machst du es so, wie es hier steht.

Jeder Mensch braucht ab und zu einen Ratgeber! Einen, der es gut mit ihm meint und der ihm sagt: »Kopf hoch, Trottel, es ist doch noch gar nichts passiert!« Ja, ein solcher Freund darf sich ruhig deutlich ausdrücken. Er sollte kein Blatt vor den Mund nehmen und die Dinge beim Namen nennen! Er sollte sagen: »Alter! Das ist kein Geschwür! Das ist eine Wampe!« Oder: »Endlichkeit ist keine Begrenzung, sondern Voraussetzung für ein erfülltes Leben.« So etwas sollte er allerdings nicht vor dem Frühstück thematisieren.

Natürlich brauchst du keine Hilfe. Du kommst allein klar. Aber manchmal ist es gut, wenn man die Dinge mit anderen Augen betrachtet. Man sagt, vier Augen sehen mehr als zwei. Das stimmt. Ebenso richtig aber ist: Sechs Augen sehen mehr als vier. Und 13 Augen mehr als neun. Von den Ohren ganz zu schweigen. Sie sehen nichts und hören alles!

Es ist nicht die Masse, die den Unterschied macht. Es ist die Qualität! 39 Augen mit minus sieben Dioptrien sehen ohne Kontaktlinsen weniger als ein Zyklop mit Lesebrille. Doch so weit ins Detail muss man am Anfang gar nicht gehen.

Wenn ein guter und kluger Mensch Ratschläge gibt, dann kann es passieren, dass sich der Blickwinkel ändert, und plötzlich erscheint alles Undurchschaubare in geistiger Klarheit. Dann ruft man: »Holla, die Waldfee!«, was so viel bedeutet wie »Alter Schwede!« oder »Lecko mio«, alles Äußerungen, die inhaltlich dem Bellen eines Hundes gleichkommen, dem Pfeifen des Windes oder einem Tweet des amerikanischen Präsidenten.

Der Mensch redet viel, wenn der Tag lang ist. Leider ist der Tag immer gleich lang. Oder gleich kurz. Das ist Ansichtssache. Wahrscheinlich wird jeden Tag ungefähr gleich viel geredet. Manchmal mehr in Afrika, ein andermal in Salzgitter. Oder am Mekong. Vielleicht sogar bei uns. Oft herrscht hier auch Stille. Das ist gut. Ewige Quasselei macht mich verrückt!

Wenn du Ratschläge annimmst, solltest du natürlich darauf achten, wer es ist, der da so tut, als könnte er dir sagen, wo es langgeht. Oft sind es skurrile Gestalten, die sich die Rettung der Menschheit auf die Fahne geschrieben haben, Verwirrte, die glauben, die Welt sei etwa 6000 Jahre alt und würde von unter der Erdkruste lebenden Reptilien regiert. Je dümmer die Menschen, umso größer ihr Sendungsbewusstsein!

Sie glauben an die Überwindung von mentaler Manipulation durch Hirnpotenzial-Biofeedbacktraining und an die heilende Kraft von Brainforming durch Neuralstimulatoren. Sie behaupten, dass Gott persönlich zu ihnen gesprochen hat oder dass der große Wumbatumba verantwortlich ist für den linksdrehenden Zirbelblitz. Vorsicht! Oft wollen Leute helfen, die offensichtlich selber Hilfe brauchen.

Viele, vor allem blasse Menschen behaupten, der wichtigste Helfer des Menschen sei die Natur. Wir müssten uns nur darauf zurückbesinnen, natürlich zu leben, dann wäre alles wieder gut und jede Hilfe überflüssig. Das ist falsch. Als der Mensch noch in der Natur lebte, wurde er im Durchschnitt 23 Jahre alt. Er starb an heute lächerlichen Krankheiten, weil er keine Ahnung von Chemie hatte.

Die Natur war sein Feind. Viren, Bakterien, Pilze, kleine und große Tiere bedrohten sein Leben ebenso wie das Wetter, der Nachbar und das Fehlen jeglicher Heizung. Wenn der Naturbursche einmal nicht auf dem Damm war, kam der Medizinmann, schrie dreimal »Örgrö mønåtū!« und ging wieder nach Hause. Die damalige Medizin war völlig untauglich und hörte sich auch nicht gut an.

Wenn Kranke von der Allmacht der Naturheilkräfte schwärmen, ist Vorsicht angebracht. Chronisch Leidende schwören gerne auf die Heilkraft von Lavendelbädern und legen einen Jaspisstein aufs Herz, wie es Hildegard von Bingen empfohlen hat. Wenn man sie dann fragt, warum sie trotz der so erfolgreichen Therapie immer noch chronisch krank sind, reagieren sie beleidigt und beginnen, um sich zu beruhigen, eine Bärwurz-Birnen-Honig-Kur.

Zorn führt laut Hildegard zu Schlaganfall, Herzinfarkt, Krebs und Rheumatismus, oft genau in dieser Reihenfolge. Wahrscheinlich auch zu Mehltau und platten Reifen.

HEGE ZWEIFEL!
MISSTRAUE SCHWÄTZERN!

Dieser Ratschlag ist leicht gesagt, aber es ist so schwer, ihm zu folgen. Wie unterscheide ich denn einen kompetenten Ratgeber von einem dahergelaufenen Phrasendrescher? Die Cordhose allein kann es doch nicht sein.

Hier muss man feine Indizien beobachten. Wenn jemand mit messianischer Überzeugungskraft verkündet, dass die Heilkraft der Hildegard von Bingen grundsätzlich zu besseren Ergebnissen führt als eine von der Schulmedizin bevorzugte und in Studien objektiv gemessene Lösung, dann handelt es sich bei dem Ratgeber meist um einen gutgläubigen Stümper. Ein Blinddarmdurchbruch wird seinem dilettantischen Treiben ein frühes Ende bereiten.

Ratschläge sollte man nur von Menschen annehmen, deren präfrontaler Cortex noch nicht mit einem Mikrowellen-Gehirntrainer zur Aktivierung des Schläfenlappens bearbeitet wurde. Insofern bin ich für den Job perfekt geeignet. Ich habe so ein Ding noch nie in der Hand gehabt. Wahrscheinlich ist es auch viel zu schwer für mich.

Da draußen gibt es viele schlechte Ratgeber!

HÜTE DICH VOR ALLEN,
DIE DIR GOTTES HILFE VERSPRECHEN!

21

Sie berufen sich auf einen Dritten, der nie gesehen wurde und nicht auf unserem Planeten wohnt. Sich auf so jemanden zu verlassen, erfordert einen ans Irre grenzenden Optimismus.

Ebenfalls wichtig:

KEIN MENSCH BRAUCHT HELFER, DEREN ERSTER SATZ LAUTET: »ICH REGLE DAS FÜR SIE!«

Solche Menschen streben meist nur eine Kontovollmacht an.

Dieses Buch ist Hilfe zur Selbsthilfe. Es folgt dem Vorbild der alten Philosophen, die da sagten:

HILF DIR SELBST, SONST HILFT DIR KEINER!

Da hatten sie recht! Vielleicht stammt diese Weisheit aber auch gar nicht von den alten Griechen, sondern aus der Allgemeinen Erklärung der Menschenrechte oder der Gebrauchsanleitung eines Dampfbügeleisens. Ich weiß es nicht mehr. Das ist nicht schlimm. Jeder von uns weiß irgendetwas nicht. Aber Unwissenheit zuzugeben ist kein guter Anfang für ein Buch, dessen Autor von sich behauptet, hellsichtig und besonnen Lebenshilfe zu leisten. Am besten fange ich noch einmal an …

ERSTES BUCH:

WIE IST ES?

WAS DU
WISSEN MUSST

Jeder Mensch braucht einen Ratgeber. Einen, der es gut mit ihm meint und der vor allem kompetent ist. Beides trifft auf mich zu. Ich bin ein wohlwollender und friedliebender Mensch, wahrscheinlich eine Folge von Testosteronmangel und fehlender militärischer Ausbildung. Ich habe einen Ruhepuls von unter 50, neige also nicht zu panischen Reaktionen. Ich muss mich oft erst einmal schütteln, bevor ich überhaupt irgendetwas mache.

Mit meinem gesunden Phlegma bin ich in der Lage, Probleme erst einmal zu erfassen, bevor ich anfange zu schreien. Und ich weiß Bescheid. Nicht über alles, aber wenigstens über das Wesentliche, also Sterblichkeit, schlechte Laune und wie man ein Hemd bügelt, ohne dass es hässliche Falten an den Ärmeln gibt. Dies wird allerdings in diesem Buch nicht erklärt. Es würde den Rahmen sprengen.

Meine Kompetenzen umfassen aber auch noch weitere Lebensbereiche. Ich kenne mich aus in der Migrationsdebatte, in Genderfragen und **25** teilweise auch in sexuellen Angelegenheiten, soweit die eigene Erfahrung reicht. Gerade in diesem Sektor wird ja auch viel gelogen.

Ich verfüge also über umfangreiches Wissen in allen wesentlichen Bereichen des Lebens. Ich könnte sogar bei der Küchenplanung helfen und bei der Sanierung von Altbauten, bin aber ein glühender Gegner körperlicher Arbeit.

Ich will dir als Tippgeber zur Seite stehen, aber natürlich musst du auch mitmachen. Du musst es wollen! Wir arbeiten zusammen! Dieses Buch ist also quasi wie eine Yogaanleitung. Nur ohne Yoga.

Wir bearbeiten in diesem Buch Vergangenheit, Gegenwart und Zukunft, aber auch das Plusquamperfekt kommt nicht zu kurz. Es gibt praktische Tipps, Prophylaxe, Ratschläge zur Pflege von Mensch und Tier und viele gute Argumente für eine Lebensgestaltung mit ruhiger Hand, klarem Kopf und sauberen Füßen.

Wenn du dieses Buch ausgelesen hast, wird dein Leben besser sein. Ganz im Ernst! Es kommt natürlich darauf an, was man unter besser versteht. Viele sind gerne Opfer und genießen es, sich betrogen zu fühlen. Sie haben dann das Gefühl, an den Missständen in der Welt unschuldig zu sein, und glauben, sie hätten alles besser gemacht, wenn man sie nur gelassen hätte. Das ist Quatsch. Aber auch jenen soll dieses Buch helfen. Und wenn nicht, dann haben diese Menschen wenigstens einmal mehr das Gefühl, um einen überschaubaren Geldbetrag betrogen worden zu sein. Auch gut. Dieses Gefühl gefällt ihnen. Sie können sich dem Autor, dem Verlag, der Buchindustrie und der gesamten Gesellschaft, die so etwas zulässt, moralisch überlegen fühlen. Also ist auch ihnen geholfen.

All jene, die aus ihrem Leben mehr machen wollen als einen Vorgang sinnloser Zellteilung, haben mit dieser Schrift einen hoffentlich perfekten Ratgeber. Er enthält die eine oder andere Erkenntnis und sorgt für ein schonungsloses »Hört! Hört!«-Gefühl. Wer allerdings so etwas wie den neuen Stephen King erwartet, hat Pech gehabt. Es gibt keine Leichen. Der Tod kommt in diesem Buch eher als abstrakter Faktor vor. Da er zum Leben dazugehört, muss er in einem ganzheitlichen Ansatz zur Lebensgestaltung erwähnt werden. An sich aber ist er unsympathisch, und wenn er klingelt, sollte man nicht gleich aufmachen.

Vielleicht denkst du jetzt: »Was will der Autor von mir? Ich kann mir selber helfen! Ich bin schon groß!«, und allerlei Unsinn mehr. Natürlich mögen die meisten Menschen nicht, wenn ihnen gesagt wird, was sie zu tun haben. Das aber ist auch nicht das Ziel dieses Buches! Es soll die Dinge einmal von einer anderen Seite beleuchten. Es ist also so etwas wie eine Lampe. Leider kann man es im Dunkeln nicht benutzen. Dieses Buch ist also keine reale Lichtquelle, sondern nur im metaphorischen Sinn!

Dieses Buch ist ein Licht am Ende des Tunnels, nur dass da kein Tunnel ist und kein Licht, sondern lediglich ein Buch.

Es enthält unter anderem klare und direkt nachvollziehbare Handlungsanweisungen. Ein Beispiel:

GEH IN DIE KNIE
BEIM RÜCKHAND-SLICE!

Natürlich betrifft dieser Tipp nur Tennisspieler. Und die wissen das in der Regel. Aber es ist immer wieder gut, daran erinnert zu werden.

Dieser Ratschlag ist also nur für Betroffene wertvoll, wie fast alle Ratschläge in diesem Buch. Darauf wurde sogar höchsten Wert gelegt bei der Erstellung dieser Bedienungsanleitung für das ganze Leben. Es ist ein Buch für vom Leben Betroffene. Und das sind wir doch irgendwie alle, wenn man von den Lesern absieht, die bereits jetzt, nach so wenigen Seiten, verstorben sind.

Alle Tipps sind von einer unabhängigen Jury nach verschiedenen Kriterien bewertet worden, und nur jene Leitsätze haben den Weg ins Buch gefunden, die von den Jurymitgliedern mindestens eine Dreiviertelmehrheit erhalten haben. Die Jury bestand allerdings nur aus mir.

Eine größere Jury hätte vielleicht eine noch stringentere Auswahl ermöglicht, aber mit Korinthenkackern, die meinen, der ganzen Welt Ratschläge geben zu können, will ich gar nicht zusammenarbeiten. Einige wollten sogar Geld für ihre Arbeit! Deshalb hier gleich ein ganz wichtiger Ratschlag, den ich für hundertprozentig richtig und wichtig halte:

BEHALTE IMMER DIE KOSTEN IM AUGE!

28 Warum sollte ich fremde Berater anheuern und bezahlen, wenn ich im Wesentlichen selbst

Bescheid weiß? Am Ende gibt es endlose Meetings, und alles wird zerredet. Nein danke!

Deshalb haben es überteuerte, zweifelhafte Tipps aus dubiosen Quellen oder Ratschläge interessengetriebener Lobbyisten gar nicht hier hereingeschafft. Keinem Menschen muss davon abgeraten werden, in zehn Metern Wassertiefe Oboe zu spielen, auch wenn es natürlich stimmt, dass man dies, nicht nur aus Gründen der Akustik, wirklich unterlassen sollte!

WORUM GEHT'S?

Ich weiß, was du nun denkst. Soll ich dieses Buch kaufen? Soll ich es liegen lassen? Soll ich es klauen oder, sagen wir, vergessen zu bezahlen? Soll ich es online bestellen, zusammen mit einer Weitwinkelaufstecklinse für das Smartphone, drei Kilo Rohrzucker und einer Pustefix-Seifenblasen-Nachfüllflasche? Mach, was du willst!

Dabei soll dir dieses Buch helfen! Es will dich denkfähig und entscheidungsfreudig machen. Das ist gut!

ENTSCHEIDE SELBST!

Das ist allemal besser, als ständig tumb in der Birne »Ichweißnich!« zu rufen. Ein Leben in geistiger Klarheit ist großartig! Kriterien entwickeln, abwägen, zu einem Ergebnis kommen und feststellen: »Falsch!« So ist das Leben.

29

SCHEITERN IST KEINE SCHANDE!

Aber es ist besser, wenn man weiß: Ich würde es jederzeit wieder vermasseln.

Jeder macht Fehler. Besser ist, sie bleiben im Rahmen. Lieber grüne Socken zum grauen Anzug als beim nächsten Weltkrieg an vorderster Front stehen und »Hurra!« rufen. Wie schaffe ich es, Fehler zu machen, die keine Konsequenzen haben? Dieses Buch hilft dir dabei.

Deshalb hier bereits der nächste Tipp:

LIES WEITER!

Nur dann kannst du alle Vorteile dieses Buches genießen und deine Fehlerquote um sensationelle 81 Prozent senken. Diese Zahl ist natürlich nur eine Schätzung. Aber sie klingt beeindruckend.

Deshalb hier gleich noch ein Tipp:

LASS DICH NICHT VON BEEINDRUCKENDEN ZAHLEN BLENDEN, WENN DU SIE NICHT ÜBERPRÜFEN KANNST!

Selbst wenn du nur diesen einen Tipp aus diesem Buch beherzigen würdest, hättest du schon einen Riesenschritt nach vorn gemacht. Denn Kritikfähigkeit ist die wichtigste Voraussetzung für ein selbstbestimmtes Leben. Dabei hilft dir dieses Buch.

Und Hilfe brauchen wir alle! Was hättest du dir nicht alles ersparen können, wenn du einen guten Ratgeber an deiner Seite gehabt hättest, damals, als dein Leben seine entscheidenden Wendungen machte. Hätte dir doch jemand geraten, die Tür nicht zu öffnen, als dieses Wesen auf der

Schwelle stand, von dem du dachtest, es würde ewige Seligkeit in dein Leben bringen. Stattdessen hat es, als Gegenwert für ein paar triste Gespräche und ein bisschen Gefummel, dein Konto geplündert, deine Freunde gegen dich aufgebracht und dein Geschlechtsleben in Trübsal getaucht. Du hättest vielleicht schon damals zuhören sollen, als alle sagten, auf was für einen Galgenvogel du hereingefallen bist.

Dieses Buch ist nicht in der Lage, weitere zwielichtige Gestalten von deiner Schwelle fernzuhalten. Aber es wird dir erklären, worauf du achten solltest. Schweißfüße sind nicht das einzige Manko, was dir bei einem neuen Partner erspart bleiben sollte. Auch Dummheit ist auf Dauer ermüdend, selbst wenn sie in einer prächtigen Hülle steckt.

Vielleicht ist es aber bei dir in partnerschaftlichen Dingen ganz anders gelaufen. Vielleicht seid ihr noch zusammen. Ihr seid glücklich. Was heißt schon glücklich? Wer ist schon immer himmelhochjauchzend? Im Grunde macht ihr euch gerade das Leben zur Hölle. Oder ihr zögert, euch zu trennen wegen der Kinder. Warum nicht? Man muss es nur wollen, dann geht es. Wenn ihr aber der Beziehungsfalle entkommen möchtet, gibt es weiter hinten herrliche Trennungstipps!

Gerade den Männern sei gesagt: Sekundäre Geschlechtsmerkmale sind nicht alles. Irgendwann wird es zu einem Gespräch kommen. Dann ist es oft zu spät.

Was soll ich tun, was muss ich lassen? Dieses Buch sagt es dir. Natürlich wird es nicht alle Fehlerquellen beseitigen können, aber es wird dir zeigen: Du bist nicht allein, wenn du wieder einmal danebengegriffen hast. Es ordnet ein und hilft dir bei der Bewertung, entspannt, gelassen, geradezu apathisch, also rational. Es sagt dir:

**SCHIEßE NICHT AUF DEN PIANISTEN,
WENN DIR DAS STÜCK NICHT GEFÄLLT!
WENN ES UNBEDINGT SEIN MUSS,
DANN ERSCHIEßE DEN KOMPONISTEN!**

Einfacher und juristisch unproblematischer ist es, das Radio abzustellen.

Eigentlich solltest du ohne Gewaltausübung durchs Leben gehen.

**WENN DIR ETWAS NICHT PASST,
ERFASSE ES, BEURTEILE ES UND ÄNDERE ES,
WENN ES GEHT. WENN NICHT, NICHT.**

Dann komme damit klar. Das ist die ganze Kunst der Frustrationsvermeidung und des Lebens.

Du wirst die ganze Welt nicht ändern! Nicht einmal deinen Stadtteil, deine Familie oder den Menschen an deiner Seite. Die meisten scheitern sogar an ihrem Hund. Und den wenigsten gelingt es, die Katze davon abzuhalten, in den Sandkasten zu kacken. Macht nichts. Kinder entwickeln weniger Allergien, wenn sie frühzeitig lernen, Dreck zu fressen.

Ich gehe davon aus, dass du eine bestimmte Vorbildung mitbringst, mithin also in der Lage bist, Selbstverständlichkeiten selbst zu regeln. Es gibt deshalb in diesem Buch weder Hinweise zur guten Verdauung noch zu Sonderangeboten.

• SADOVO // BULGARIEN •

Wir wissen oft gar nicht, wie die Schreibtische ausge-
sehen haben, an denen die großen Ideen der Menschheit
ersonnen wurden, die Πολιτεία des Aristoteles, die Verse
des Ovid oder der Bebauungsplan von Wesel. Oft sind
diese Orte unscheinbar und grau. Vielleicht hat auch
mancher Gedanke nie das Licht der Welt erblickt, weil
auf dem Schreibbord, auf dem er festgehalten werden
sollte, grundlos ein Stück Teppichboden herumlag. So
könnte es hier gewesen sein. Eine große Idee verließ
beleidigt die Schreibstube und verflüchtigte sich.
Wahrscheinlich ist das aber nicht. Es handelt sich hier
um ein Büro der öffentlichen Verwaltung.

Dieses Buch richtet sich an Zurechnungsfähige, also an Leute, die nicht wie hirnlose Trottel auf die dümmsten Sprüche hereinfallen, Slogans wie »Die Bank an deiner Seite« oder »Der Wie-für-dich-gemacht-Kredit«. Wer so etwas ernst nimmt, sollte gar nicht mehr lesen, sich aus dem Leben zurückziehen und sich das Gehirn absaugen lassen. Es ist offensichtlich ohne Funktion.

Du weißt also wenigstens rudimentär Bescheid. Wenn man dich fragt, was auf Regen folgt, wirst du antworten: »Sonnenschein!« Wenn nicht, dann Hagel oder Schnee, Nebel oder Dunst. Oder sonstiges, irgendwie gemischtes Wetter. Denn das Wetter ist nie normal. Das war zwar schon immer so, liegt aber heute am Klimawandel. Solche Regenfälle hatten wir noch nie. Und wenn doch, dann hat man es nicht so mitbekommen, weil nicht bei jeder Überschwemmung jemand mit einer Handykamera mitgefilmt hat. Früher gab es auch erheblich weniger Messstellen, die sich deshalb oft gerade nicht genau dort befanden, wo es am schlimmsten war.

Deswegen hat jeder heute das Gefühl: »So schlimm war es noch nie!« Weil man bei jedem Unglück dieser Welt dabei ist, weil es Messwerte und kleine Filme davon gibt oder wenigstens ein paar Fotos bei Instagram. Wenn es Instagram gegeben hätte, damals, als Krieg in Angola war, hätten wir da schon gedacht, die Welt ginge unter. So wissen wir bis heute nicht, wo Angola liegt. Ob etwas wichtig ist oder nicht, ist heute nicht mehr eine Frage der Opfer, sondern der Bilder und der Klickzahlen.

34

BÜCHER, BILDER, MEDIEN

Deswegen ist es so gut, wenn man liest. Am besten Bücher! Richtige Bücher! Warum haben Bücher eine solche Aura? Weil sie aus Worten bestehen. Und Informationen, die durch Worte übertragen werden, sind human. Kein anderes Wesen als der Mensch verfügt über die Fähigkeit, Gedanken in Zeichen darzustellen. Nicht einmal Delfine, geschweige denn der Tasmanische Beutelteufel oder das Einhorn.

Bilder bohren sich direkt in unser Bewusstsein. Was wir sehen, ist uns nah. So haben wir es gelernt in Millionen Jahren Evolution. Weil es kein Fernsehen und keine Fotos gab, konnten wir nur sehen, was sich in der Nähe befand. Deshalb erscheint uns die Welt, wenn wir Bilder von ihr sehen, nah, selbst wenn diese Bilder aus großer Ferne zu uns kommen. Wir haben keine Distanz mehr zur Welt.

Wir sehen heute alles. Wir sehen News. Sie sind das, was früher die Nachrichten waren. Nachrichten bestanden aus ein paar Zeilen Text. Ein Prostituiertenmörder, ein Bürgerkrieg, Richard Burton und Liz Taylor lassen sich scheiden. Unsere Reaktion darauf: »Schade!« Mehr nicht. Man war kurzzeitig entsetzt. Dann ging das Leben weiter.

Eine Meldung bestand aus Worten und Zahlen! Sie blieb abstrakt. Man kam aus der Geschichte heraus, ohne traumatisiert worden zu sein.

Heute sehen wir Bilder. Jede Entfernung ist **35**

verschwunden. Für unser Unterbewusstsein ist es, als stünden wir selbst in den Trümmern, als wären wir dabei. Das liegt an unserer Hirnstruktur, die auf Bilder viel intensiver reagiert als auf abstrakte Information. Deshalb glauben wir, dass heute alles schlimmer ist, als es jemals war. Das ist definitiv eine optische Täuschung. Fragen Sie Kriegsteilnehmer!

Früher las man morgens die Zeitung, und um 20 Uhr kam die Tagesschau. Das war's. Dazwischen: Leben. Heute bekommen wir den ganzen Tag Mitteilungen. Im Smartphone poppen die Breaking News über den Homescreen. Monitore in Schaufenstern, Bahnhöfen und an Flughäfen versorgen uns mit Liveschaltungen. In Pakistan explodiert eine Bombe! Wenn wir nur lang genug hingeschaut haben, glauben wir, den Rauch zu riechen. Unser Blick auf die Welt ist der einer Webcam, die in der Raumecke hängt.

Alles Schreckliche wird heute von Überwachungskameras aufgezeichnet. Ein Anschlag in Islamabad, Gewalt in der U-Bahn, Hooligans in der Altstadt. Die Welt erscheint als klaustrophobischer Raum. Unser Emotionslevel ist ganztägig auf 180. Wir leben in einer Erregungsgesellschaft.

Aus Russland erreichen uns kleine Clips von Dashcams, die zeigen, wie Lkws in ein Stauende rutschen. Ein lynchender Mob im Jemen, gefilmt vom Eingang einer Bank. Dazu kommt der ganze Fiction-Krempel: Ein Zombie meuchelt eine Schulklasse. Ein Monster sticht einer Gruppe Rentner die Augen aus. Ein Wahnsinniger sprengt eine Schule für geistig Behinderte in die Luft. Ein Irrer tötet Hunde-

36

welpen. All das dringt durch die Augen direkt in unser Hirn!

Am Ende ist alles eins. Die Bilder bleiben im Kopf. Wahrheit oder Drehbuch, das Unterbewusstsein macht da keinen Unterschied. In der Nacht vermischen sich die Bilder. Man liegt im Bett und fragt sich: Wie kam der Zombie in den Jemen? Und was für ein grausamer Gott lässt zu, dass behinderten Hundewelpen die Augen ausgestochen werden? Realität und Vorstellung verschwimmen. Die Welt erscheint als Horrorfilm. Herzlich willkommen im 21. Jahrhundert.

Es ist ein Wunder, dass es überhaupt noch geistig Gesunde gibt! Der Mensch ist offenbar ausgesprochen widerstandsfähig.

Dies ist die Welt, in der unsere Kinder aufwachsen. Sie ist, das beweisen Statistiken, objektiv friedlicher, sicherer, gesünder und reicher als jemals zuvor. Aber wir sehen von ihr nur das Kriegerische, Unsichere, Kranke und Arme.

Unsere Sinne arbeiten immer noch wie damals in der Jungsteinzeit. Wir sehen und hören. Und aus dem, was wir sehen und hören, machen wir uns ein Bild der Welt. Unser Hirn ist nicht für mediale Welterfahrung entwickelt worden. Es ist untauglich für die durch Smartphones und Monitore erfahrene Welt.

Früher stammte alles, was wir wussten, aus eigener Anschauung oder der Erzählung von Verwandten. Heute stammen 95 Prozent unserer Weltwahrnehmung aus den Medien. Da kann man froh sein, wenn unsere Kinder zwischen Massakern **37** und Kriegsbildern auch noch Zeit für SpongeBob und Bibis Beauty Palace finden, damit sie sich nicht schon mit 13 depressiv von der Brücke stürzen.

NICHT DIE WELT IST SCHLECHT, SONDERN DAS, WAS DU VON IHR SIEHST!

Diesen Hinweis kann man gar nicht oft genug geben.

NICHT DIE WELT IST SCHLECHT, SONDERN DAS, WAS DU VON IHR SIEHST!

NICHT DIE WELT IST SCHLECHT, SONDERN DAS, WAS DU VON IHR SIEHST!

Ich weiß, dass dies im eigentlichen Sinne kein klassischer Ratschlag ist. Mein klassischer Ratschlag dazu lautet:

BENUTZE DEN SATZ »NICHT DIE WELT IST SCHLECHT, SONDERN DAS, WAS DU VON IHR SIEHST!« ALS MANTRA UND SPRICH IHN MEHRFACH TÄGLICH LAUT VOR DEM SPIEGEL!

Wenn du glaubst, die Welt sei ein finsteres Loch, dann schalte ab und zu deine Elektrogeräte aus. Wechsle deine Informationskanäle. Und:

VERZICHTE DARAUF, DIR KRANKE ZOMBIESERIEN REINZUZIEHEN!

Dann brauchst du vielleicht auch keine Schlaftabletten mehr.

38

WAS DU NOCH
WISSEN SOLLTEST

Die hier im Buch gegebenen Ratschläge sind natürlich immer nur optional und verstehen sich keinesfalls als Befehle. Das wäre anmaßend. Natürlich verfügst du selbst über eine starke Problemlösungskompetenz. Du machst den Deckel selber zu, und zwar ohne jedes Mal dazu aufgefordert zu werden. Ein Ratschlag wie …

MACH DEN DECKEL RUNTER!

… wäre an dieser Stelle also völlig überflüssig. Du kannst es selbst. Du versuchst jedenfalls, daran zu denken. Wenn du es nicht vergisst. Es gibt Schlimmeres. Hoffentlich hast du wenigstens abgezogen!

Du putzt keine Fenster von außen mit Flip-Flops an den Füßen auf dem Sims in der 5. Etage. Du weißt: Das geht vielleicht 50 Mal gut. Aber spätestens dann wirst du mit dem nassen Lappen in der Hand abrutschen. Zurück bleiben hässliche Schlieren auf dem Glas, die im Gegenlicht schäbig wirken.

Was musst du noch lernen? Woher soll ich das wissen? Aber ich versuche zu helfen, wo ich kann. Es kommt darauf an, was du willst! Möchtest du Kopfschmerz vermeiden, gilt: In Wein für unter vier Euro pro Flasche ist kein Wein. Jedenfalls nicht nur. Auf jeden Fall sind Dinge enthalten, die in einen Wein nicht hineingehören: Pampe, Muff und vor allem Gekrümpel, Schwefel und Zehennägel, die **39** sich erst nach Jahren aufgelöst haben und nun als Weinstein ihr Leben fristen. Dieses Werk hier hält aber noch weit mehr Informationen für dich bereit.

Nun fragst du dich vielleicht: Wenn dieses Buch eine unverzichtbare Lebenshilfe ist, was ist mit den vielen Menschen da draußen, denen vielleicht das Geld fehlt, es zu kaufen? Wie gesagt, sie können es klauen. Aber in diesem Buch geht es erst mal nicht um den Rest. Es geht um dich!

Das ist gut! Wie oft stehen andere im Mittelpunkt. Jetzt bist du dran!

MACH DICH LOCKER! ÖFFNE DICH! LASS ES DIR GUT GEHEN!

Am besten liest du dieses Buch nackt auf einer Südseeinsel, in einer lauen Brise im Schein der untergehenden Sonne. Aber vergiss nicht, dass es Krokodile geben könnte, die vom Geruch fauliger Fische angezogen werden. Dusche also vor dem Schmökern. Du kannst das Buch aber auch in Wülfrath lesen. Denke einfach nicht drüber nach!

SEI FREI!

Erst wenn es dir selbst gut geht, kannst du anderen helfen. Sich selbst zu helfen ist also ein wichtiger Dienst am Nächsten. Egoismus ist die neue Solidarität. So wie 60 angeblich das neue 40 ist. Das ist mathematisch falsch. Aber schön, wenn man auf die 75 zugeht. Und das tun wir alle, es sei denn, wir sind schon darüber hinaus.

40   Schon bald wird vielleicht 100 das neue 80 sein. Oder 14 die neue 11. Vielleicht wird auch

Pi irgendwann nicht mehr drei Komma irgendetwas sein, sondern das neue C-Quadrat. Oder F von x. Wir müssen uns immer wieder auf Neues einstellen. Was genau, ist egal. Hauptsache, wir sind dabei! Oder eben nicht. Das wirst du selbst entscheiden müssen.

MAN MUSS NICHT JEDEN KÄSE MITMACHEN!

Aber es ist auch schön, wenn man weiß, was die Leute gerade so beschäftigt.

Alles, was hier geschrieben steht, hilft auch mir selbst. Ich schreibe es mir von der Seele. Und ich helfe damit all jenen, denen das Schreiben eines eigenen Buches zu mühselig ist und die sich deshalb Bücher von fremden Autoren kaufen müssen. Ich mache das gerne! Und im besten Fall freut sich der Leser auch. In der Natur nennt man das eine »Symbiose«.

Dieses Buch gibt dir alles, was du zum Leben brauchst, außer feste Nahrung, Wohnung und Alkohol. Es beschränkt sich also auf das Wesentliche. Es wird deine Persönlichkeit festigen, Charakter und Denkkraft stärken und ein bisschen Lebenszeit totschlagen. Und es wird dir helfen, dich zu einem starken Mitglied der menschlichen Gemeinschaft zu entwickeln, jenem Rudel aus Primaten, dem wir alle angehören, diesem Haufen nichtsnutziger Zweibeiner, krakeelender Hooligans, geschwätziger Parasiten, kopfgesteuerter Emotionskrüppel oder aufbrausender Hirnbratzen.

Es gibt aber auch prima Typen da draußen. Sie sind vielleicht nicht besser als die anderen, aber sie passen besser zu dir. Sollten dir die Menschen unfreundlich und abweisend erscheinen, wür-

41

de ich dir raten, nicht weiter mit heruntergezogenen Mundwinkeln und misstrauischem Blick durchs Leben zu gehen und allen vorzuwerfen, sie würden dich betrügen.

WENN DU WILLST, DASS DIE WELT FREUNDLICH ZU DIR IST, HÖR AUF ZU HEULEN UND ALLEN VORWÜRFE ZU MACHEN!

VERSUCHE ZU LÄCHELN!

Natürlich bist du, der Leser oder die Leserin, genau wie ich, der Schreiber oder die Schreiberin dieser Zeilen, kein gewöhnlicher Hanswurst, beziehungsweise keine gewöhnliche Hansawürstin. Oder Würstl. Schon der Besitz dieses Lesestoffs (denn die Tatsache, dass du bis hier gekommen bist, deutet darauf hin, dass du nun nicht mehr in einer Buchhandlung stehst, sondern das Buch endgültig entwendet, ausgeliehen oder erworben hast!) beweist es: Du bist Leser. Wie ich! Wir haben etwas gemeinsam: Wir sind Buchmenschen!

Wir haben es drauf. Der ganze abendländische Bildungskanon ist uns selbstverständlich präsent. Wir zitieren Kant auf Dinnerpartys und analysieren Fußballspiele unter Zuhilfenahme der Paradigmen des Dekonstruktivismus. Natürlich. Aber ganz ehrlich: Manchmal verzichte ich auch darauf. Ich lese auch gerne einmal ein Heft. Oder ein Klingelschild. Oder eine Gebrauchsanleitung. Selten oder eher nie lese ich aus Eingeweiden, wie es die antiken Seher taten. Ich glaube nicht, dass eine Entenleber Kenntnis von der Zukunft hat.

42

• THANJAVUR ∥ INDIEN •

Manche Dinge sind einfach da. Sie stehen in der
Sonne und spenden Schatten. Dann ist es ein
großes Glück, wenn genau das auch der Aufgabe,
die man ihnen zugedacht hat, entspricht.
Wir müssen uns Sonnenschirme als glückliche
Wesen vorstellen.

Unabhängig vom Bildungsstand kann man empfehlen:

WIR SOLLTEN UNS NICHT ZU ERNST NEHMEN.

MACH, WAS DIR FREUDE BEREITET!

LERNE ZUFRIEDENHEIT!

DU UND
DER NÄCHSTE

Fangen wir an! Jetzt geht es um dich. Also um das große Ganze im Verhältnis zum Einzelnen. Viele Mitmenschen glauben, dass die anderen nur an sich denken. Und folgern daraus, dass sie, um nicht zu kurz zu kommen, nur an sich denken dürfen. Da haben sie recht.

Erst wenn niemand mehr an seinen Nächsten denkt, ist die Aufmerksamkeit für alle Individuen gleich verteilt. Auf exakt eine Person kommt exakt eine, die sich um sie sorgt. Solange aber manche an andere denken und andere nicht, wird die Sorge für den Nächsten immer ungerecht gestreut sein. Und es wird, lassen Sie sich das ruhig noch einmal von einem Mathematiker vorrechnen, insgesamt immer mehr Aufmerksamkeit auf die Egoisten entfallen als auf die Sozialen, weil die Egomanen nicht nur ihre eigene Aufmerksamkeit genießen, sondern auch teilweise die der anderen, während sie selbst andere nicht mit ihrer Sorge behelligen.

Nur konsequenter Egoismus bei allen ermöglicht also eine gerechte Verteilung der Nächstenliebe. Das ist mathematisch beweisbar! Mathematik ist aber den meisten Menschen ein Dorn im Auge. Betrachten Sie die letzten Absätze deshalb am besten gleich als ungeschrieben.

Natürlich gibt es Menschen, die viel an die Gemeinschaft denken. Meist fragen sie sich: Was können die anderen für mich tun? Warum muss ich immer selbst bezahlen? Warum trägt mich keiner in einer Sänfte durch die Welt? Warum stellt mir der große Wumbatumba keinen persönlichen Assistenten zur Seite? Die Antwort ist einfach: Weil er kein Idiot ist!

Der verwöhnte Mitteleuropäer empfindet die mangelnde Fürsorge der anderen als Zumutung. Das ist in weiten Teilen der Welt anders. In Bolivien ist man froh, wenn man auf dem Nachhauseweg nicht massakriert wird. In Saudi-Arabien wird man oft gesteinigt, in den USA erschossen und im Amazonasgebiet teilweise gegessen, sei es von Kannibalen oder von Mücken. Und in Nordkorea kommt niemand auf die Idee, offiziell Ansprüche anzumelden. So etwas endet dort oft mit plötzlichem Verschwinden. Deshalb folgender Tipp:

FREU DICH!

Du hast allen Grund dazu.

GERECHTIGKEIT

Vielleicht bist du in Mitteleuropa geboren. Schon das ist ein Grund zu feiern. Du hast gute Chancen, die ersten fünf Lebensjahre zu überstehen, selbst als Mädchen. Das ist nicht selbstverständlich im Rest der Welt. Jahrtausendelang war es sogar die absolute Ausnahme, auch bei uns.

Als Mitteleuropäer lebst du in einem Land, in dem Widerworte nicht gleich zur Aberkennung der Lebenserlaubnis führen. Schon in Russland wird man als unbequemer Zeitgenosse gerne vergiftet oder von der Straße weg erschossen. Woanders wird man als Ungläubiger gehenkt, als Schwuler eingekerkert, als Muslim nicht hereingelassen, als Christ verfolgt, als Weißer verprügelt oder als Schwarzer festgenommen. Das ist bei uns weitgehend anders. Großartig!

Regierende regieren bei uns nicht, um Milliardär zu werden, wie es in Moskau, Ankara oder fast überall in der Welt der Fall ist. Am Unterschied zwischen dem Kontostand des Regierungschefs vor und nach der Regierungszeit erkennt man den Grad der Zivilisiertheit eines Landes. Unsere Kanzlerin verdient weniger als ein Sparkassendirektor. Das spricht dafür, dass sie den Job nicht aus Habsucht betreibt.

Dennoch regiert hier die ritualisierte Empörung, und man fühlt sich chronisch betrogen, völlig unabhängig davon, dass die Lebensumstände hier im Raubtierkapitalismus erheblich besser sind

46

als andernorts. Es ist alles so ungerecht, so die einhellige Meinung im Land.

Der Wille, sich als Opfer zu fühlen, ist einfach gigantisch bei uns. Und das Opfergefühl geht durch alle gesellschaftlichen Schichten. Meist geht das Gefühl der ungerechten Behandlung bei finanziellen Fragen los. Alle fühlen sich ungerecht behandelt. Die Besitzenden glauben, dass sie zu viel abgeben müssen. Und die, die nichts haben, sind der festen Überzeugung, zu wenig zu bekommen. So ist wenigstens die gefühlte Ungerechtigkeit gerecht verteilt.

Sind wir ehrlich: Wenn jemand behauptet, etwas wäre ungerecht, dann will er meistens mehr für sich. Das geht schon im Sandkasten los, wo nur selten geheult wird, weil ethische Kategorien nicht eingehalten werden. Es geht nicht um die Bürgertugend der Gerechtigkeit im aristotelischen Sinn. Es geht um die Schippe. Und dann wird kraftvoll zugeschlagen …

Vieles ist ungerecht verteilt: Schönheit, Reichtum, Körpergröße, Gesundheit. Eigentlich alles! Was kann man dagegen tun? Wenig. Wir versuchen doch schon alles. Wir versuchen die Hässlichen schön zu finden. Wir sagen den Kleinen, dass sie groß sind, und den Kranken, dass sie wie Gesunde sind. Leider funktioniert das oft nicht. Die Hässlichen werden dadurch nicht schöner, die Zwerge keine Riesen und die Siechen nicht fit.

Es ist eine bedauernswerte Wahrheit: Ein zahnloser Buckliger wird niemals so begehrt sein wie der Sexiest Man Alive. Wer immer das gerade ist, einen Buckel hat er jedenfalls nicht. Das wird **47** viele Bucklige empören. Zu Recht! Aber das zu ändern ist schwer bis unmöglich.

Auch Alte werden ungerecht behandelt. Niemand träumt von einer runzeligen Dame mit einer Warze auf der Oberlippe, aus der ein langes Haar wächst. Und wenn man Menschen nach ihrem Wunschpartner fragt, dann geben junge, schlanke, blondgelockte Schönheiten aus gutem Hause nur selten die Antwort: Ich wünsche mir von ganzem Herzen einen dicken, mittellosen Einbeinigen. Das ist nicht gerecht! Aber was tun?

Sollten Sie jung, schlank, blondgelockt und schön sein und aus gutem Hause stammen, haben Sie die Möglichkeit, diese Ungerechtigkeit schon morgen abzuschaffen. Aber irgendetwas lässt mich daran zweifeln, dass es passiert.

Viele machen unsere Wirtschaftsform verantwortlich für die Ungerechtigkeit im Land. Das ist Unsinn. Nirgendwo geht es so gerecht zu wie in der freien Wirtschaft. Der Markt weist jeder Person, jeder Fähigkeit und jeder Tätigkeit einen Wert zu, der sich aus Angebot und Nachfrage ergibt. Das entspricht zwar oft nicht unserem Gerechtigkeitsempfinden, entspricht aber wenigstens den Marktgesetzen. Krankheit, Alter und Hässlichkeit dagegen sind empörend willkürlich und gnadenlos.

Nirgendwo sind Chancen so gleich verteilt wie in der Wirtschaft. Auch wenn man selbst dort als jugendlicher, gutaussehender, groß gewachsener Mensch bessere Karten hat als jemand, den man auf den ersten Blick fangen und in den Zoo zurückbringen möchte.

48

Das Gefühl allseitigen Betrogenseins bei uns bezieht sich aber meist auf das Politische und Ökonomische. Das ist dumm, liegt aber an der Psychologie des Menschen. Die wenigsten sind in der Lage, die wahren Gründe für ihr Unglück zu erkennen, unerfüllte Wünsche, fehlende Anerkennung oder mangelnde Selbstliebe beispielsweise. Sie sind missmutig und glauben ernsthaft, die Managergehälter, der amerikanische Präsident oder Migranten seien schuld an ihrer Unzufriedenheit. Das ist zwar Selbstbetrug, aber weit bequemer, als sich einzugestehen: »Ich bin eine Pfeife. Ich weiß nicht, was ich will. Ich bin auch zu faul, um drüber nachzudenken. Da suche ich mir lieber einen Sündenbock …«

Das Gefühl der Ungerechtigkeit im Land wird auch nicht dadurch gelindert, dass man hier in Lebensumständen leben darf, in die die halbe Welt gern fliehen würde.

Woanders denkt man zunächst einmal ans schiere Überleben. Hier, wo im Normalfall Nahrung, Wohnung, Heizung, Bildung, Kleidung und ein Flachbildfernseher zur gesetzlich zugesicherten Grundausstattung gehören, nimmt man das von der Gesellschaft Garantierte als selbstverständlich hin und ärgert sich über das, was fehlt.

Hierzulande denkt man gerne an die Verantwortung der Allgemeinheit für das eigene Wohlbefinden und rätselt, warum man nicht mehr bekommen hat. Man fragt sich: Warum mangelt es mir an Heldenstatus, Bewunderung, Geld? Und kommt zu dem Ergebnis: Die Gesellschaft ist schuld. Wer sonst?

Viele nutzen auch die Gelegenheit und hassen sich selbst. Oder sie machen Expartner, Verwandte oder falsche Freunde verantwortlich für ihre Lebensmisere, damit sie selber aus dem Schneider sind. Lösungsorientiert ist das nicht. Einfache Fragestellungen bringen die Persönlichkeit weiter.

Was mache ich hier?

Was will ich?

Wieso ist die Differenz zwischen beidem so riesig?

Was kann ich ändern?

Wer diese vier Fragen zufriedenstellend beantworten kann, muss von hier ab nicht mehr weiterlesen. Beziehungsweise: Er darf natürlich! Aber nur noch zum Spaß! Im besten Fall dient das Buch dann nicht mehr zur Lebensoptimierung, sondern der bloßen Freude.

WER HAT SCHULD?

Wenn man mit dem eigenen Leben unzufrieden und nicht in der Lage ist, die psychischen Ursachen dafür zu benennen und zu behandeln, bleibt nichts anderes übrig, als andere zu beschuldigen. Sie sind schuld, dass alles aus dem Ruder gelaufen ist.

Natürlich kommen die Eltern infrage, Bekannte, der Chef, die Assis, die ganzen Drecksäcke und Schweine da draußen und die Welt insgesamt, dieses finstere Loch. Schöner ist aber, man findet eine Personengruppe, die man verantwortlich machen kann, ohne gleich die ganze Welt zu hassen. Politiker beispielsweise.

Wer sonst? Irgendjemand muss schuld sein. Und wer sollte das sein, wenn nicht die »Mächtigen«? Gäbe es sie nicht, müsste man in Betracht ziehen, selber Mitschuld zu tragen am Zustand des eigenen Daseins. Und das kann nicht sein! Niemand ist für sich selbst verantwortlich. Es sind immer entweder die Erbanlagen oder die Umwelt schuld an dem, was man ist. Mithin also die Politiker. Denn wer hat denn deine Erbanlagen und deine Umwelt so verhunzt? Natürlich die da oben!

Wenn du zufrieden sein willst, dann merke dir eins:

DICH TRIFFT KEINE SCHULD!

Alles, was wir sind, sind wir aufgrund unserer genetischen Vorfahren und unseres sozialen Umfeldes. Das ist schön. Unschuldig zu sein hat große Vorteile: Wir können Pipi ins Becken machen, eine Versicherung betrügen oder jemanden überfahren. Schuld sind immer die Eltern, die Verhältnisse und die in Berlin.

Natürlich ist die Lebenstaktik, jegliche Verantwortung auf andere abzuschieben, nur dann sinnvoll, wenn die Lebensbilanz insgesamt unerfreulich ist. Wenn sich alles im Leben aber zur vollsten Zufriedenheit gewendet hat, will man natürlich vermeiden, dass andere für sich in Anspruch nehmen, mitgewirkt zu haben. Dann heißt es: Das habe »ich« geschafft!

51

Glücklich ist, wer folgenden Lehrsatz für sich verinnerlicht:

WAS GUT WAR, IST SELBSTGEMACHT, DEN REST HABEN ANDERE ZU VERANTWORTEN.

Neben der Gesellschaft, den Reichen, den Bonzen und den anderen überhaupt sind nicht nur Politiker ursächlich für unser Unglück, sondern auch wahlweise Ausländer, Polizisten, Lehrer, Banker, Ärzte und Medien. Jedem sei zugestanden, hier noch weitere Gruppen pauschal hinzuzufügen.

Meist wird den Beschuldigten dann vorgeworfen, sie seien dreist, korrupt und gierig, gerne auch dumm! Während man selbst natürlich zurückhaltend, unbestechlich und bescheiden ist, selbstverständlich auch schlau! Natürlich weiß man, dass man sich auch selbst manchmal dreist, korrupt und gierig, ja sogar dumm verhält. Aber das ist dann etwas anderes und nur temporär. Außerdem wäre man ja dumm, wenn man in dieser Welt der Dreisten, Korrupten und Gierigen nicht auch ab und zu einmal dreist, korrupt und gierig wäre …

DAS LEBEN

Die grundsätzliche Unzufriedenheit in diesem Land hat natürlich auch objektive Ursachen. Das Leben an sich ist vom Verlauf her unerfreulich. Es führt zu unerwünschter Alterung und endet häufig mit dem Tod.

52

Das Leben ist wie ein Berg, der auf der einen Seite steil ansteigt und auf der anderen langsam, aber unerbittlich abwärtsgeht. Dem steilen Aufstieg entsprechen Kindheit und Pubertät. Es folgen ein paar kleinere Gipfel. Mit 18 ist man auf dem genitalen Höhepunkt, geistig aber ist noch Luft nach oben. Zurechnungsfähigkeit erreicht der Mensch gemeinhin mit Mitte oder Ende 20, das ist individuell verschieden. Bei mir war es mit etwa Anfang 40. Viele aber erreichen diesen Zustand überhaupt nicht.

BESSER SPÄT ALS NIE!

Bis dahin befindet sich der Mensch im Zustand der Zerrissenheit zwischen Inkompetenz und Erregbarkeit. Die Schambehaarung wächst, während sich bei Männern teilweise schon das Kopfhaar lichtet. Daran erkennt man, wie kurz die Blüte ist und wie lange sich das Welken hinzieht! Bei Frauen setzt die Cellulite in Einzelfällen schon im zarten Alter von zehn oder zwölf Jahren ein. Man kann das Verblühen hinauszögern, wenn man den Kindern die Geige wegnimmt, ihnen einen Tennisschläger in die Hand gibt und ihnen unter klaren Drohungen nahelegt, den faulen Hintern sportlich zu bewegen. Aber auch das bringt nur temporären Aufschub.

Angetrieben von Hormonen und Botenstoffen lässt sich der Homo sapiens treiben, ohne wirklich zu wissen, wohin. Er denkt ab und zu nach, bricht aber meist vor Erreichen eines Ergebnisses ab und bleibt verwirrt zurück. Oft wird er aggressiv. Dann ruft er, dass die Flüchtlinge raus müssen, wahlweise aber auch die Reichen, die Links-

53

Grün-Versifften, die Rechten, die Schwulen, das ganze Gesocks und die Islamisten sowieso. Im Hirn verfestigt sich das dumpfe Unbehagen mit dem Selbst zu einer Empörung über die unvollkommene Welt.

Die menschliche Psyche projiziert die Abneigung gegen sich selbst auf die Gesellschaft. Aus dem Selbsthass der Pubertät wird die Unzufriedenheit mit den Umständen. Das Unterbewusste sucht die Gründe für die eigene Armseligkeit in der sozialen Wirklichkeit. Nicht man selbst ist deppert, erfolglos und miesepetrig, sondern die anderen. Der Chef ist inkompetent, die Kollegen skrupellos, man selbst zu gut für diese Welt.

Arbeit und Freizeitbeschäftigungen des Hominiden lassen seine Lebenszeit verstreichen. Er spürt, dass der eigene Höhepunkt bereits überschritten ist, und macht die Welt verantwortlich für die eigene Perspektivlosigkeit. Er redet sich erfolgreich ein, dass es nicht er selbst ist, der nun langsam dem Ableben entgegentorkelt, sondern die Gesellschaft, mit der es abwärtsgeht.

Die Welt hat sich seit seiner Kindheit gewandelt. Der damalige Status quo erschien dem Kind normal und unveränderbar. Jede Weiterentwicklung seitdem wurde als Abweichung von der Normalität empfunden. Der größte Heimatverlust entsteht einfach durch den Ablauf der Zeit. Die Welt, wie wir sie kannten, als wir von 1,30 Meter Höhe auf sie blickten, schwindet. Eine Zumutung!

Am Anfang war alles wie ein Wunder. Ein dicker Mann in rotem Mantel brachte einmal im Jahr Geschenke, bis man erfuhr, dass er nicht nur nach dem gleichen Fusel stank wie Onkel Werner. Er war es!

Niemals war es die Zahnfee, die den alten Milchzahn holte. Der Osterhase legte keine Eier, denn er war ein Säugetier. Batman lebte ebenso wenig unter uns wie Schweinchen Dick und Bessy, die schon in der Fiktion nur eine billige Kopie von Lassie war und niemals mit einem einäugigen Puma gekämpft hat. Wir waren betrogen worden!

Der Erwachsene sieht überall Verfall, weil sich die Welt seiner Kindheit auflöst. Der kleine Krämerladen ist ein Pennymarkt, im Gasthaus zur Glocke ist ein Chinese, und im Reformhaus residiert ein thailändischer Nagel-Spa. Der Verlust der kindlichen Heimat ist wie die Vertreibung aus dem Paradies. Er macht die Menschen traurig, auch wenn das Leben seitdem in fast allen Belangen objektiv besser geworden ist.

Wir bestellen unsere Flip-Flops im Internet, checken die Wetter-App auf dem Klo und überwachen unsere Kinder mit dem Smartphone. Statt stundenlanger Autofahrt ans Meer fliegen wir in derselben Zeit für 19,90 Euro in die Tropen. Ein Telefongespräch in den Nachbarort kostete früher den Monatslohn eines Pferdemetzgers. Heute zeigen uns die Nachbarn über das kostenlose WLAN per Facetime oder Skype Livebilder vom Urlaub in Kalifornien, und wenn uns die Langeweile übermannt, rufen wir einfach: »Hallo! Ich höre nix mehr! Wenn ihr mich noch hört, ich mach mal Schluss ...«

Wir kannten noch die gute alte Bundespost. Früher rief man sonntags abends an, weil es **55** billiger war. Am Ende sagte man: »Ich muss Schluss machen. Wird zu teuer.« Natürlich geht das bei sehr alten Menschen auch heute noch. Aber es zeugt nicht von gutem Charakter! Wohl aber von effektivem Zeitmanagement.

Die Zeiten ändern sich. Alles fließt! Es verfestigt sich die Ansicht, dass die Welt schlecht ist und immer schlimmer wird. Das ist natürlich Quatsch und nicht mehr als das übliche Geschwafel, das alle Generationen vor uns ebenfalls gepflegt haben. Der Niedergang des Alten wird beklagt, der Aufstieg des Neuen skeptisch betrachtet, jeder Fortschritt mit Ignoranz abgeurteilt. So war es immer.

Im Bedauern über die Fehlentwicklung der Welt geht der Mensch von der pubertären Unreife nahtlos über in die Jammerei über den Verlust der Jugend. Dann folgt die Demenz.

Mit 30 kommt der erste Hexenschuss. Dann geht es erst richtig abwärts. Der Prozess des Ablebens ist oft langwierig und dauert von etwa 25 bis ins Greisenalter, also in der Regel zwischen 50 und 70 Jahre, zumindest wenn man nicht raucht. Dann beschleunigt sich die Sache. Die meisten Raucher, die ich kenne, sind Ärzte. Das hat Gründe! Sie wollen sich das Ende verkürzen, weil sie wissen, wie es aussieht.

Da das Leben irgendwann endet, kann man objektiv feststellen: Es geht selten gut aus. Das Leben ist kein Film, in dem am Ende geheiratet wird, obwohl natürlich umgekehrt die Hochzeit bei manchem schon der Beginn des Todes war.

56 Das Leben hat kein Happy End, und selbst der größte Optimist wird irgendwann eines

Besseren belehrt. Das klingt auf den ersten Blick negativ. Ist es aber nicht! Es ist einfach so. Und es ist dumm, deprimiert zu sein über Dinge, die naturgegeben sind. Der Volksmund sagt:

GLÜCKLICH IST, WER VERGISST, WAS NICHT MEHR ZU ÄNDERN IST.

Da hat er ausnahmsweise recht. Merke dir das, wenn dir etwas am Leben liegt.

IM GLÜCK NICHT JUBELN, IM STURM NICHT VERZAGEN, DAS UNVERMEIDLICHE MIT WÜRDE TRAGEN!

So stand es damals in meinem Poesiealbum. Das ist eine vollständige Zusammenfassung von dem, was der Buddhismus für das Leben empfiehlt, nämlich der Lust wie dem Leid zu entsagen. Mir persönlich klingt das zu freudlos. Ich würde die Weisheit deshalb gerne ein bisschen abändern:

IM GLÜCK RUHIG JUBELN, IN NOT NICHTS VERSAUEN, WAS EINMAL VERBOCKT IST, MIT WÜRDE VERDAUEN.

So ist der Satz vielleicht auch nicht der Höhepunkt abendländischer Philosophie, sprachlich entspricht er nicht den anerkannten Normen guten Ausdrucks, aber inhaltlich handelt es sich um einen guten Sinnspruch, nach dem man sich wirklich richten sollte.

Das Leben ist nicht immer wunderbar. Aber: Es ist, wie es ist! Also: Freuen wir uns daran! Das ist schöner, als sich zu ärgern. Wenn man es schafft, so zu empfinden, hat man nicht weniger als **57**

Seligkeit erreicht! Leider ist dies nicht mehr als eine Kalenderblattweisheit. Man müsste, um diese Küchenphilosophie umzusetzen, die menschliche Natur überwinden. Man muss, statt sich im Negativen zu suhlen, das Positive erkennen und wertschätzen.

Christliche Grundwerte können hier hilfreich sein. Glaube, Liebe, Hoffnung. Dazu noch Demut und Gnade. Wenn man sich dieser Begriffe bedient, sollte einem glücklichen Dasein nichts mehr im Wege stehen, es sei denn man hat Furunkel oder der Geist ist schwach.

Das ist es übrigens, was der Katholizismus vielen anderen Religionen voraushat. Er ist, ohne dass man an Auferstehung, Wunder, verlogene Sexualmoral oder magischen Klimbim glauben müsste, eine ziemlich gute Anleitung zum Glücklichsein im hiesigen Leben. Die sexuelle Prüderie, die irgendwelche verlogenen trüben Tassen im Laufe der Kirchengeschichte heuchlerisch formuliert haben, muss man nicht ernst nehmen. Und selbst wenn: Man kann ja beichten!

Die anderen Religionen legen ihren Fokus auf das Jenseits. Der Katholizismus dagegen ist die einzige Religion, die eine formale Möglichkeit zum Sündenablass anbietet. Man kann also ruhig ab und zu einen draufmachen, wenn man dem Priester nachher keinerlei Details vorenthält. Das ist ein prima Geschäft. Da der katholische Geistliche seine Sexualität nicht offen ausleben kann, freut er sich über präzise Schilderungen.

58 Ich persönlich finde auch das ganze Gequalme und Geklimper angenehm. Dass die

Katholiken eine katastrophale Geschichte haben und der Vatikan immer noch eine moralische Wundertüte darstellt, sollte man bei der Beurteilung der Religion hintanstellen. Sie bietet Glamour und viel Verzeihen.

Was ich eigentlich sagen will, ist: Man kann mit Freude durchs Leben gehen, wenn man im Kopf behält, dass es normal ist, wenn nicht alles rundläuft. Immer wenn wichtige Dinge in die Hose gehen, sollte, selbstverständlich nach angemessener kurzzeitiger Erregung, Fatalismus einsetzen. Es hat keinen Sinn, sich über nicht mehr Änderbares aufzuregen.

IM LEBEN GILT IMMER:

• KURZ ZURÜCKBLICKEN!

• LERNEN AUS DER ERFAHRUNG!

• WEITERMACHEN!

Was bringt es, sich über Dinge zu echauffieren, die zwar ärgerlich, aber unabänderlich sind, wie zum Beispiel das Wetter, abgenutzte Bremsscheiben, das Vergangene oder die Schwerkraft. Gravitation ist nicht gut oder schlecht. Sie ist da! Sie steht nicht zur Disposition. Ja, sie macht das Leben beschwerlich, vor allem wenn man sich eine bierkastenschwere Plauze angefressen hat.

TRINKE ABENDS KEIN BIER MEHR NACH DEM ZÄHNEPUTZEN!

Es hat aber keinen Sinn, sich über schicksalhaft Vorgegebenes zu ärgern. Die Schwerkraft

59

mag manchmal als Ärgernis erscheinen, weil wegen ihr das Wasser in den Keller läuft. Aber ohne sie würden wir gar nicht existieren. Das macht sie fast schon wieder sympathisch.

Selbst der Tod ist kein Grund, sich zu ärgern. Er schwebt als Bedrohung über uns, aber das ist nicht zu ändern. Sehen wir es also positiv: Ohne Tod hätte das Leben keinen Wert. Erst durch den Tod entsteht die Notwendigkeit zu fragen: Was mache ich, bevor ich ablebe? Mein Vorschlag wäre:

LEBE!

Die Frage ist bloß: Wie? Am besten nicht mit heruntergezogenen Mundwinkeln und voller Abneigung gegen die Welt. Ein bisschen Sport, Liebe, Sex, Kultur, Bildung, Unterhaltung und natürlich gut essen und trinken – es gibt so viele Möglichkeiten, das Leben sinnvoll zu füllen! Wenn man allerdings den ganzen Tag frisst und säuft, wird man fett wie ein Ochse.

MASSVOLL SEIN IST AUS DER MODE, ABER EIN SCHLÜSSEL ZUM GLÜCKLICHEN LEBEN!

Man muss auch nicht alles auf einmal machen. Sport und Sex sind unterschiedliche Bereiche des Lebens. Wir sollten sie trennen. Kerle, die das Ganze als Wettbewerb betrachten, sind unerträglich. Viele Frauen wollen gar nicht, dass es möglichst schnell vorbeigeht. Sie möchten sich vor der Liebe unterhalten. Das ist für Männer oft schwer zu verstehen. Man muss als Mann gar nicht viel reden. Aber ein einfaches »Ja!« oder »Selbstverständlich!« bringt oft eine ganz andere Stimmung ins Gemach.

Auch Kultur und Sport gehen oft nicht zusammen. In der Pause eines Fußballspiels spielen meistens nicht die Berliner Philharmoniker, sondern trötende Soldaten. Die Zuschauer nehmen das als Anlass, die Tribüne zu verlassen, und treffen sich in der Kurve zum gepflegten Prügeln. Der Mensch ist seltsam.

Was will ich mit alldem sagen? Anstatt den Gang des Lebens zu betrauern, solltest du Freude suchen, geistige Erbauung und Lust! Wie das gehen soll, erfährst du auf den folgenden Seiten.

DAS ICH UND DIE IDENTITÄT

Um zu wissen, wie man leben soll, muss man sich selbst erst einmal hinterfragen, wer man ist und was man will. Die meisten Menschen stellen sich diese Frage nicht. Sie fragen nicht: Wer bin ich? Sondern: Wie soll ich sein? Was kommt gut an? Was muss ich sagen? Was sollen die anderen von mir denken? Wo muss ich mich melden? Genüge ich den Ansprüchen? Und vor allem: Kann mir einer sagen, was ich tun soll?

Sie richten sich nach anderen statt nach ihren Bedürfnissen. Warum? Weil sie selber gar nicht wissen, was sie wollen. Solche Menschen verfügen nicht über ein Ich, sie haben nur eine Identität. Sie haben ein Bild, mit dem sie deckungsgleich sein wollen.

Die Identität ist ein Label, ein Etikett, dem man entsprechen will, weil man über zu wenig **61**

»Ich« verfügt. Dann geht man in der Masse auf, mit der man sich identifiziert, in der Fangruppe eines Fußballvereins oder in der Anhängerschar einer kruden Verschwörungstheorie, in der großen Schar der Gleichgeschlechtlichen oder der Volksgruppe, die ganz Harten auch als Miniatureisenbahner oder Veganer.

Man fühlt sich nicht als Individuum, sondern als zugehörig zu einer Klasse, einer Nation, einer Gruppe Gleichgesinnter, einer sexuellen Ausrichtung oder einem Geschlecht. Meine Identität beispielsweise wäre, wenn ich sie nicht ignorieren würde, weiß, heterosexuell, männlich. Das ist eine ziemlich armselige Verkürzung. Wobei natürlich richtig ist: Ich bin nicht schwarz, lesbisch, transgender. Ich bin auch nicht beige, hungrig, trisexuell. Oder blau, krank, Briefträger.

Ich habe viele Identitäten, weit mehr als drei, vier oder sieben. Und weder Hautfarbe, sexuelle Orientierung oder Geschlecht kommen mir als Erstes in den Sinn, wenn mich einer fragt: Wer bist du?

Wenn ich in einem Meeting bin, prüfe ich nicht, ob auch genügend andere meiner Identität vertreten sind. Und wenn ich der einzige weiße, heterosexuelle Mann bin, freue ich mich. Ich finde es spannend, mit schwarzen, bisexuellen Frauen zusammenzusitzen, schon weil es ungewöhnlich ist, vor allem wenn das Treffen in einem Hotel in der Eifel stattfindet.

Dort würde auch eine Gruppe von 20 kleinwüchsigen transsexuellen Angehörigen der Inuit auf der Straße auffallen, nicht wegen des grassierenden Rassismus dort, sondern einfach, weil es nicht jeden Tag vorkommt, dass solche Leute im Ort sind. Und bei allem, was nicht jeden Tag vorkommt, guckt man ganz selbstverständlich hin, wegen der Besonderheit der Situation, so wie das zufällige Zusammentreffen einer Nähmaschine und eines Regenschirms auf einem Seziertisch unsere Aufmerksamkeit hervorrufen würde! Man Ray hat die Erscheinung dieser Gegenstände nicht zuletzt deshalb in einem Foto festgehalten.

Das Besondere erzeugt unsere Aufmerksamkeit. Das ist eine evolutionär gewachsene menschliche Eigenschaft, vielleicht sogar eine aller Primaten oder sogar aller Säugetiere, wenn nicht aller Wesen, die über mehr als ein, aber weniger als acht Augen verfügen. Tiere mit mehr als acht Augen gucken immer, auch wenn nichts Ungewöhnliches vorliegt.

Für uns Menschen gilt: Bereits neun angolanische Einbeinige unbekannter sexueller Orientierung können in Dörfern abseits der Autobahnen großes Erstaunen erzeugen.

Das gilt natürlich nur für Europa, während ich als hellhäutiger, oberflächlich der Gruppe männlicher Europäer zuordbarer Zweibeiner viel Aufsehen erzeuge, wenn ich versuche, auf dem Markt von Mopti in Mali ein Huhn für Opferzwecke einzukaufen. Dort wurden mir sogar schon einmal Prügel angeboten, und das nicht, weil die Hühner dort in erster Linie zum Kochen verkauft würden, sondern einfach, weil meine Identität dort nicht gerne gesehen ist, vor allem die weiße. Rassismus ist kein ausschließlich weißes Phänomen, und wer das nicht **63**

● IBIZA // SPANIEN ●

Diese Zusammenkunft war nicht geplant.
Hier treffen keine Identitäten aufeinander.
Der Halm ist geknickt, die Flasche leer.
Beide Gegenstände verfügen über nichts Exem-
plarisches. Zusammen wirken sie nicht wie
Objekte, die versuchen, einen Raum zu struk-
turieren oder eine Geschichte zu erzählen.
Sie erscheinen vielleicht wie ein Bildnis der
Trostlosigkeit. Das ist aber Zufall. In Wirklich-
keit ist dieses Bild völlig belanglos.

glaubt, dem empfehle ich eine Nacht auf einer Park-
bank in Nigeria.

Der Rassismus in Afrika ist auch nicht nur als
Reaktion auf den weltberühmten weißen Rassismus
zu interpretieren. Schon immer wurden dort Angehörige fremder Stämme turnusmäßig massakriert.
Es ist im Gegenteil eine große Errungenschaft der
abendländischen Aufklärung, dass der Völkermord
am anderen unter Zivilisierten als moralisch ver-
werflich gilt.

In Afrika ein Huhn zu opfern ist eigentlich nichts
Ungewöhnliches. Das ist im Saarland anders. Wenn
ich im Saarland ein Huhn kaufe und sage, dass es
für mich nicht darauf ankommt, ob es dick oder
dünn, alt oder frisch ist, weil ich gedenke, es zu
opfern, dann werde ich als Kunde geringgeschätzt.
Sofort steht eine Gruppe Veganer da und droht mir,
aus Liebe zur Kreatur, Prügel an. Das ist kein Rassismus, der auf meiner Identität als weißer, hühner-
essender Rheinländer beruhen würde. Nein! Es gibt
unzählige Formen der Verblendung, neben der ras-
sistischen beispielsweise auch die ideologische.

Vielleicht sollten wir in Zukunft, wenn ein Mensch
äußerlich erkennbarer ungewöhnlicher Identität erscheint, einfach ganz unbefangen gucken, dann ein
bisschen staunen und weitermachen. Dann wäre der
ganze identitäre Krempel kein Problem mehr. Und
wer dann einen schwulen rothaarigen Österreicher
aus Versehen für einen heterosexuellen Iren hält,
hat einfach etwas verwechselt. So etwas passiert.

Meine Identität ist vielschichtig. Ich bin
viel, ich mache viel, ich denke viel nach, und **65**

ich rufe nicht ungefragt: Ich verlange, dass mehr Leute wie ich an den Schaltstellen der Macht sitzen!

Mir ist es egal, ob die Führungspersonen im Land über Geschlechtsteile verfügen und wenn ja, über welche. Mir ist gleichgültig, ob eine Ministerin mittelgroß ist, stark behaart und allergisch gegen Gluten. Viele glauben, ihre Volksvertreter sollten sein wie sie. Ich glaube das nicht.

Die Menschen glauben, Zugehörige ihrer eigenen Identität würden automatisch ihre Standpunkte und Interessen vertreten. Ihnen sei deshalb zu vertrauen. Das funktioniert schon deshalb nicht, weil jeder Angehörige einer Identitätsgruppe schon durch seine Wahl eine neue Gruppenzugehörigkeit dazugewinnt, die des Volksvertreters. Seine Identität ändert sich. Als Abgeordneter gewinnt er ganz neue Interessen hinzu, nämlich die des eigenen Joberhalts, der Sicherung seiner Altersversorgung und einige mehr. Das ist legitim und unvermeidbar. Ich glaube deshalb nicht an Vertrauen als wesentlichen Faktor in der Politik. Unser System beruht auf Gewaltenteilung, also eben nicht auf Vertrauen, sondern auf Kontrolle.

Das ist eine sehr wichtige Erkenntnis! Bitte lesen Sie den vorherigen Absatz noch einmal durch und verinnerlichen Sie ihn, bevor Sie weiterlesen. Nichts ist dümmer, als jemanden zu wählen, weil man ihm vertraut. Dann ist man auf die Grinsfresse hereingefallen.

66 Wenn man einem Amtsinhaber Macht überträgt, sollte stetig geprüft werden, ob sie auch nicht missbraucht wird. Wer sich im Politischen auf Vertrauen verlässt, wird immer enttäuscht.

Ich wähle meine Volksvertreter ja nicht aus wie meine Freunde, weil sie so nett sind und liebenswert, sondern weil ich von ihnen erwarte, dass sie möglichst viel von dem durchsetzen, wofür ich sie gewählt habe. Dafür müssen sie nicht unbedingt vertrauenswürdig sein oder gar nett. Ein bisschen Durchsetzungsvermögen sollten sie haben. Also auch die Fähigkeit, ab und zu auf den Tisch zu klopfen und sich wie ein richtiger Drecksack zu verhalten. Das ist mir wurscht.

Die Gewaltenteilung existiert, weil wir aus der Geschichte gelernt haben, dass man Politikern niemals vertrauen kann. Sie werden deshalb immer nur für überschaubare Zeiträume gewählt. Dann müssen sie sich von Neuem zur Wahl stellen. Das gibt mir das gute Gefühl, dass sie nicht machen können, was sie wollen, wenn sie ihren Job nicht verlieren wollen. Vertrauen habe ich zu Freunden und teilweise sogar zu Verwandten, aber nicht zu wildfremden Gestalten auf Wahlplakaten.

Ich würde selbst eine Veganerin als Regierungschefin akzeptieren, wenn sie mir nicht als Erstes mein Frühstücksei und das Milchbrötchen mit dick Honig drauf verbietet.

NORMALITÄT

Mir ist es egal, ob die Kanzlerin ein Mann oder der Kanzler eine Frau ist. Was geht es mich an? Da ich Männer und Frauen für gleichwertig halte, empfinde ich keine Präferenzen. Erst wenn das allen so geht, ist Emanzipation erreicht.

Was viele Frauen nicht wissen und manche sich auch gar nicht vorstellen können, ist: Wir Männer freuen uns nicht automatisch über Erfolge von Männern. Wir empfinden nur selten so eine Art natürliche Solidarität mit Gleichgeschlechtlichen, wie es bei Frauen häufiger zu beobachten ist.

Mir ist völlig gleichgültig, ob ein Komiker, mein Bankberater oder der örtliche Pfarrer eine Frau ist, ein Mann oder transgender. Wobei mir ein Transgenderpfarrer schon auffallen würde, aber nicht, weil ich ihn ablehnen würde, sondern einfach, weil es ungewöhnlich wäre, wenn ein Pfarrer zu einer geschlechtlichen Ungewöhnlichkeit stehen würde, vor allem wenn er katholisch ist.

Und wer nun beleidigt ist, weil ich die Geschlechtszuordnung »transgender« als »ungewöhnlich« bezeichnet habe, dem sei gesagt: Gewöhnlich ist das, was häufig vorkommt, ungewöhnlich dagegen ist das Seltene. Transgender zu sein ist selbstverständlich ungewöhnlich, weil es zahlenmäßig die Ausnahme und nicht die Regel ist. Wer sich als Transgenderperson darüber beklagt, dass sein Geschlecht als nicht »normal« gilt, hat möglicherweise die Bedeutung des Wortes »normal« übersehen. Als normal gilt das im Allgemeinen Übliche. Und transgender zu sein ist eben nicht »üblich«. Deshalb gucken Kinder. Das ist nicht böse gemeint von den Blagen. Sie staunen über etwas, das selten ist. Ein Transgenderpfarrer muss rein statistisch als »selten« bezeichnet werden. Die Kinder glotzen. Kein Problem.

Wer allerdings die Wörtchen »ungewöhnlich« oder gar »anormal« für Leute mit unbestimmter Geschlechtsausrichtung nicht rein statistisch, sondern im Sinne von »krank« oder »abartig« verwendet, ist ein Idiot. Das zeugt von völlig unbegründetem Hochmut, von Charakterlosigkeit und am Ende auch von Dummheit.

Dass man hinguckt, halte ich aber für völlig normal. Trans- oder Intersexualität sind selten, und, wenn sie sichtbar vorkommen, durchaus ein Grund zum Schauen. Natürlich sollte man nicht gaffen, sondern unauffällig hingucken. Das gebietet die Höflichkeit. Das Gucken an sich aber ist völlig verständlich, und zwar immer dann, wenn ein ungewöhnlicher Mensch an ungewöhnlicher Stelle vorkommt.

Ein intersexueller Imam beispielsweise würde mir sofort als sonderbar auffallen, nicht weil ich Intersexualität sonderbar finden würde, sondern weil sie nicht ganz oben auf der Liste der üblichen Eigenschaften von Imamen steht.

Ich glaube, das kann man so sagen, ohne der Islamophobie angeklagt zu werden. Ich glaube nicht, dass es in überschaubarer Zeit im Nahen Osten einen Imam geben wird, der sich der männ- **69** lichen Geschlechtszuordnung verweigert. Ich rechne jedenfalls nicht in den nächsten 100 000 Jahren damit. Danach: Mal schauen! Der Fortschritt ist langsam, aber unaufhaltsam.

Mir ist die Genderzugehörigkeit von Imamen aber im Grunde ebenso gleichgültig wie die meiner Bankberater. Er, sie oder es sollte nur keine Sachen sagen wie: »Dieser Fond wird Sie reich machen.« Dann weiß ich, dass er, vom Geschlecht völlig unabhängig, ein Idiot ist. Und ein schlechter Berater dazu!

Selbst wenn der örtliche Pfarrer über einen Penis und eine Vagina gleichzeitig verfügen würde, wäre das seine Sache. Es wäre nur schön, wenn er beides nicht öffentlich zeigen würde, schon gar nicht während des Gottesdienstes. Ich finde, man sollte seine Geschlechtsorgane, unabhängig von Anzahl oder Beschaffenheit, nicht in der Öffentlichkeit präsentieren, zumindest ab einem gewissen Alter nicht mehr, wenn alles verstörend labbrig wird.

Dies allerdings ist nicht mehr als eine kulturell erlernte und sehr subjektive Verhaltensnorm. Ich denke einfach, dass Kinder verwirrt werden könnten, vor allem wenn sie das Organ mit ihren eigenen, jämmerlichen, vorpubertären Pipidingern vergleichen.

IDENTITÄT UND IDENTIFIKATION

Warum so viele Menschen Probleme mit ihrer »Identität« haben, ist mir ein Rätsel, wahrscheinlich weil ich keine benennbare habe. Ich bin zwar zufällig weiß, deutsch, männlich, heterosexuell, erwähne das aber nicht, um mich zu definieren, und finde auch nicht, dass es besonders signifikant für meine Persönlichkeit wäre. Ich fände es schön, wenn man mich als gut gelaunten Zeitbeobachter oder als emphatischen Menschen in Erinnerung behalten würde. Aber wer weiß, ob das überhaupt zutrifft? Man selbst ist da ja oft befangen und urteilt voreilig.

Ich verfüge nicht über eine Identität, die sich in einem Wort zusammenfassen ließe. Das geht, glaube ich, vielen Menschen so. Ich kenne auch viele Schwule, die ihr Schwulsein einfach nur für normal halten, sich deshalb auch keine explizit »schwule Identität« daraus basteln, um ihren Lebensstil im Ganzen als »schwul« bezeichnen zu können. Sie essen nicht schwul, sie gehen nicht schwul aufs Klo oder fahren schwul Bahn, sondern einfach so, quasi als Mensch oder als Tierfreund oder als Klempner. Klempner ist allerdings auch ein besonders unschwuler Beruf, was aber auch nur ein Gefühl ist, von dem ich nicht weiß, wie ich darauf komme. Ich weiß nicht einmal, ob es den Begriff »unschwul« überhaupt gibt. Im Duden steht er jedenfalls nicht.

Wenn ich einen Klempner brauche, ist es mir egal, ob ein schwuler oder ein heterosexueller Klempner vorbeikommt. Hauptsache, er ist halbwegs pünktlich. Und ich wünsche mir, dass seine Gedanken dann in erster Linie nicht um sein Schwulsein kreisen, sondern um meinen Wasserablauf. Alles andere ist mir egal!

Auch viele Frauen sind einfach Bahnkunden und nicht in erster Linie »weibliche« oder »lesbische« Bahnkunden. Nicht alles, was wir sind, muss man zu einer Identität aufbauschen. Und erst wenn wir darauf verzichten, wird es Normalität.

Ich bin zweiarmig. Aber ich mache deswegen kein großes Aufheben. Ich fühle mich nicht als »Zweiarmiger« und lese die Zeitschrift »Zweiarmiges Leben« oder »Angeln für Zweiarmige«.

Natürlich wurden, und genau da liegt der große Unterschied, Zweiarmige niemals benachteiligt, wie es beispielsweise Schwulen oder Frauen widerfuhr und teilweise noch widerfährt. In unserer Gesellschaft aber sind es nur noch ein paar vertrocknete gestrige Trottel, die nicht begreifen, dass so ein Verhalten von vorgestern ist. Die wird man aber kaum mit gegenderter Sprache, Sternchen und Unterstrichen zur Umkehr bewegen. Im Gegenteil!

Goldig sind jene, die behaupten, sie würden durch Emanzipationsbestrebungen für Benachteiligte als weiße, heterosexuelle Männer diskriminiert. Ich schlage vor, für diese weinerliche Spezies Heul-Ecken auszuweisen, in denen sie auf kostenlose Taschentücher zugreifen können. Kindern ist erlaubt, ihnen vor die Schienbeine zu treten. So können sie erfahren, wie es sich wirklich anfühlt, ausgegrenzt zu sein.

Von Frauen und schwulen Freunden höre ich dagegen nicht selten, dass man sich nichts mehr wünscht als Normalität. Frauenfeinde und Homophobe können wir als zum Aussterben verurteilte Spezies getrost mit Arroganz ignorieren und verachten. Kein Mensch wird ihnen hinterherweinen.

SICH RESPEKTVOLL ZU VERHALTEN HEIẞT, DEN ANDEREN MIT STIL UND SELBSTVERSTÄNDLICHKEIT ZU BEHANDELN.

Viele Menschen leben mit ihrer Körperlichkeit, einfach so. Und sie teilen ihre Sexualität mit anderen Menschen wie es sich gehört, ob mit Männern oder Frauen, geht niemanden etwas an. Jeder soll jedes Körperteil benutzen, das er gerne nutzt, um sich und anderen Freude zu machen.

Von mir aus kann man auch Hilfsmittel benutzen, ein Seil, Schuhe oder einen Hund, Letzteres aber nur, wenn der Hund einverstanden ist. Ich gehe allerdings davon aus, dass sich ein Hund, der ohne sein Einverständnis zum Sex überredet werden soll, wehren würde. Er wird kaum seine Lage abwägen und sich fragen: »Was, wenn ich mich wehre und er gibt mir morgen kein Futter mehr? Oder er räumt meine Haufen nicht mehr weg? Ich muss es tun!« Hunde denken nicht so. Aber sie tun schlimme Dinge für ein bisschen Wurst.

Identitätsprobleme haben sie in der Regel nicht.

SEI, WAS DU WILLST!

73

WIR LEBEN IN
GUTEN ZEITEN

Wer schwul war, musste noch in meiner Jugendzeit mit einer Gefängnisstrafe rechnen, wenn seine sexuelle Orientierung offenbar wurde. Ein Schwuler galt früher als so etwas wie ein Kinderschänder oder Vergewaltiger, wobei ein Vergewaltiger damals als nicht so schlimm galt wie heute, weil man unter Männern, die noch am Krieg teilgenommen hatten, glaubte, die Frauen würden es insgeheim so wollen.

Homosexualität war in erster Linie Sünde, verrückt, pervers und wollüstig, also all das, weswegen man sich heute auf das Wochenende freut. Bei vorhergehenden Generationen fand der Sex meist am Samstag statt, freudlose Brunft. Es fehlte an Offenheit.

Heute kennen wir die Klaviatur der Liebe und spielen auf ihr, selbst wenn aufgrund der Abnutzung nicht mehr zu erkennen ist, wo die weißen und die schwarzen Tasten sind. Wenn heute über Sex im Alter gesprochen wird, dann in der sicheren Erkenntnis, dass man auch auf einem verstimmten und antiken Instrument ein mitreißendes Geheul entfesseln kann.

Schon 13-Jährige wissen heute aus dem Internet, wie es geht. Das Geschlechtliche entspricht bei Pubertierenden selten dem Grundsatz des

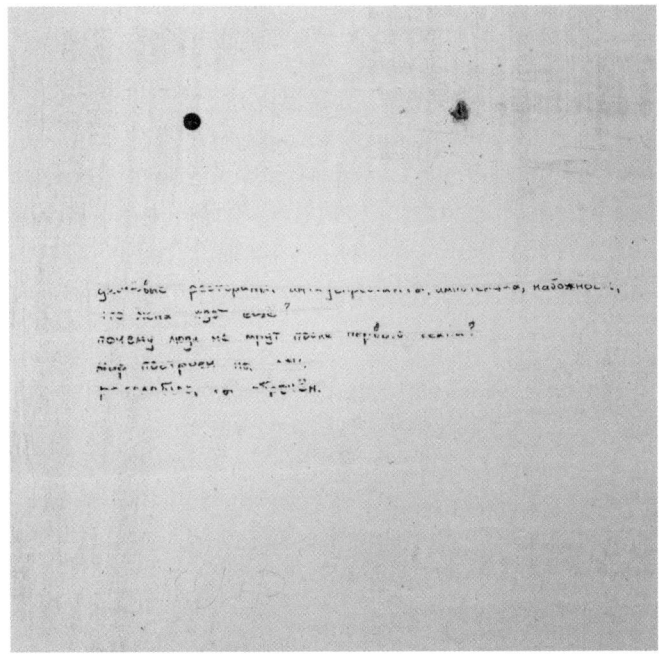

• BENDER // MOLDAWIEN •
Diese Inschrift ist ein Dokument der Sehnsucht,
der existenziellen Ungewissheit, der Suche.
Ein lyrisches Ich hat sich in Worte aufgelöst und
diese selber durchgestrichen. Sind dies Verse
vergeblicher Liebe? Ich habe es ehrlich gesagt
vergessen. Irgendjemand hatte es mir übersetzt,
aber ich habe es nicht aufgeschrieben. Vielleicht
handelt es sich auch einfach um ein paar puber-
täre Zoten. Da ich die Sprache nicht spreche,
ist es im Grunde auch egal.

Georg Wilhelm Friedrich Hegel, der in seinen *Vorlesungen über die Ästhetik* Liebe als Ausdruck des Absoluten interpretierte. Das ist aber auch schon über 180 Jahre her, und seitdem hat sich alles relativiert. Heute benutzt man beim Sex Körperteile, die im 19. Jahrhundert noch gar nicht erfunden waren. Fließend Warmwasser sowie Kleinelektrogeräte mit Batterie haben alles verändert. Das ist ein Grund zur Freude! Und man sollte dies alles nicht vergessen, wenn man über vergangene, vermeintlich goldene Zeiten referiert …

Gerade in Sachen Körperpflege war die alte Zeit nicht gut. Noch in meiner Kindheit wurde in der Regel nicht täglich geduscht, sondern wöchentlich gebadet. Dafür mussten zwei in feuchte Zeitung eingewickelte Briketts entzündet werden, die dann einen Wasserboiler erhitzten. Nach einer halben Stunde war das Wasser heiß. Die Familie badete nacheinander ohne Wasserwechsel. Ich war der Jüngste und dementsprechend als Letzter an der Reihe. Dass nur alle sieben Tage Badetag war, war ein Segen. So hatte ich eine Woche Zeit, mir den Grind der anderen Familienmitglieder von der Haut zu kratzen.

Um wirklich zu erfassen, was all dies bedeutete, muss man sich klarmachen, dass man sich damals zwar erheblich weniger wusch als heute, aber dennoch genauso oft Verdauung hatte. Die Stuhlgangfrequenz war damals absolut vergleichbar mit heute. Heute ist mir klar, dass ich damals im Leben nicht daran gedacht hätte, dass ich einmal ein Buch schreiben würde, in dem das Wort »Stuhlgangfrequenz« vorkommen würde!

76

Es war für einen Inder damals unvorstellbar, dass wir Europäer, die man in Indien für kultiviert und gebildet hielt, unseren Hintern nach dem Stuhlgang nicht wuschen, sondern mit Papier blank rieben. Noch unvorstellbarer ist für Inder, dass die meisten Menschen das bei uns im 21. Jahrhundert immer noch tun. In Indien benutzt man Wasser!

Was mich allerdings wirklich fassungslos macht, ist die Tatsache, dass man einen Vorgang wie die Verdauung, einen Akt, der tiefe Menschlichkeit ausstrahlt, weil er arm und reich, schwarz und weiß, Männer und Frauen vereint, mit dem Begriff »Stuhl haben« bezeichnet. Das Klo ist in meiner Wohnung überhaupt der einzige Raum, in dem ich keinen Stuhl habe. Was für eine idiotische Bezeichnung! Ich warte nur noch auf einen Menschen, der vom Pinkeln wiederkommt mit den Worten: »Ich hatte Tisch!«

Aber zurück zur Schilderung der Lebensumstände meiner Jugend- und Studentenzeit, die ich hier nur erwähne, um zu zeigen, dass früher keinesfalls alles besser war, damals, als man Stuhl hatte und noch nicht, um es mit den Worten meines Freundes und Kollegen Torsten Sträter zu sagen, »kacken« ging.

Noch meine Studentenwohnung wurde mit Öl geheizt, und zwar mit einem Ölofen. Man ging mit einer Kanne in den Keller, füllte sie mit Diesel und anschließend den Sprit in den Ofen. Wenn man zu viel eingefüllt hatte, fing der Ofen an zu glühen. Dann verließ ich den Raum aus Sicherheitsgründen. Man wusste nie, ob alles gut gehen würde.

77

Die heute übliche Heißwasserzubereitung und das allgemein übliche Vorhandensein einer Zentralheizung wären allein schon gute Gründe, mit der Zeit, in der wir heute leben, zufrieden zu sein. Da ist aber noch weit mehr. Erdbeeren in der Weihnachtszeit, Internet in Wülfrath, Urlaub in Myanmar.

Dennoch hat sich das Lebensglück nicht vermehrt. Das liegt daran, dass mit jedem Quäntchen Wohlstand auch die Ansprüche wachsen. Und schon ist das, was gestern noch dem Jetset vorbehalten war, Normalität, also kein Grund zur Freude mehr, sondern ein Recht für jedermann und -frau und -sonstige und dementsprechend auch kein Anlass mehr zu Dankbarkeit oder gar Glück.

Tatsache ist: Die Welt ist heute besser als jemals zuvor! Selbstverständlich gibt es – wie immer – bedenkliche Entwicklungen, ja, es gibt sogar berechtigte Gründe, Angst zu haben. Das liegt daran, dass wir nicht wissen, was die Zukunft bringt. Das war aber nie anders!

Natürlich berechtigt uns dies dazu, mit Ungewissheit in die Zukunft zu blicken. Vielleicht kommt jemand und plündert unser Haus. Vielleicht zündet er unseren Stuhl an. Das kann passieren, ist aber heute extrem viel unwahrscheinlicher als früher, in Zeiten, in denen es üblich war, dass die Söldner durchs Land zogen auf der Suche nach Essen und Damen.

Heute sind unsere Sorgen in den meisten Fällen beschaulicher. Ein Zug hat Verspätung. Er bringt uns auf dem Weg von Hamburg nach Fulda eine Dreiviertelstunde zu spät ans Ziel. Wir blicken verstimmt, geradezu grimmig. Eine Dreiviertelstunde! »Menno!« Anstatt sich klarzumachen: Früher brauchte man für diesen Weg drei Wochen! Und man wurde auf dem Weg mehrfach überfallen und ausgeraubt. Nur um sich nachher zu fragen: »Was wollte ich eigentlich in Fulda?«

Heute flucht man über den schlechten Kaffee im Bord-Bistro oder die Funklöcher während der Fahrt: »Nie geht das Internet in anständiger Geschwindigkeit. Es ist furchtbar!«

Wer mit der aktuellen Geschwindigkeit unserer Internetverbindungen unzufrieden ist, kann sein persönliches Glücksgefühl erheblich steigern, wenn er sich klarmacht, wie viel Zeit das Überbringen einer 500-KB-Nachricht im 18. Jahrhundert gekostet hat, als man analoge Brieftauben verwendete!

Insgesamt war es nie besser als im 21. Jahrhundert. Im Gegenteil: Es war immer schlechter! Meist ging es sogar dramatisch grausamer, unzivilisierter und gewalttätiger zu als in unserer Zeit.

Ich sehe: Du schluckst. Du fragst dich: Was redet der Trottel? Da es sich bei dem Trottel um mich, also den Autor dieses Buches, handelt, will ich die Frage gerne beantworten. Meine Antwort lautet: Es stimmt! Die Welt war noch nie besser als heute. Das ist unwiderlegbar richtig.

Wir leben in einer seit Jahrtausenden andauernden Phase der Zivilisierung der Welt. Natürlich gibt es auf diesem Weg immer wieder Rückschläge: Weltkriege, Völkermorde, Katastrophen. Aber insgesamt ist die Entwicklung absolut positiv. Der Anteil der Menschen, die durch Gewalt sterben, ist heute ebenso vergleichsweise niedrig wie die Kinder- und Müttersterblichkeit oder die Anzahl der Malariaopfer und Unfalltoten.

Selbst die aktuellen gigantischen globalen Flüchtlingswellen sind keine Zeichen der Verelendung. Sie sind die Schattenseite globaler Information und gestiegener Mobilität – und ganz nebenbei auch der in Afrika üblichen Misswirtschaft und Korruption, an der nicht Europäer oder Imperialisten Schuld tragen, sondern (Überraschung!): Afrikaner. Wir sollten uns vom Paternalismus der Kolonialzeit wenigstens so weit entfernt haben, dass wir dem Afrikaner an sich nicht pauschal die Schuldfähigkeit absprechen. Auch er trägt eine Mitverantwortung dafür, wie sein eigener Lebensraum aussieht.

In vielen Fällen sind steigende Flüchtlingszahlen übrigens sogar ein Zeichen wachsender Prosperität, weil es immer mehr Menschen gibt, die es sich leisten können, ihre Heimat zu verlassen und einem Schlepper mehrere Tausend Euro dafür hinzublättern.

Natürlich sind die Wanderungsbewegungen auch eine Folge der Globalisierung und des Internets. Menschen versuchen, in bessere Teile der Welt zu gelangen, Gebiete, die sie aus YouTube kennen, aus Serien oder Filmen. Und es sind oft nicht die Elenden, die sich in Bewegung setzen. Es sind diejenigen, die sich ein besseres Leben vorstellen können.

Selbstverständlich gibt es immer noch unendlich viel zu tun auf der Welt. Und auf dem Weg zur Zivilisierung unseres Planeten gibt es immer wieder Rückschläge. Aber Tatsache ist auch: Noch nie haben so viele Menschen auf so hohem Wohlstandsniveau so friedlich zusammengelebt wie heute. Milliarden Menschen haben in den letzten Jahrzehnten den Aufstieg in einen neuen Mittelstand geschafft. Das sollte für Menschen mit normalem Gemütszustand zunächst einmal ein Grund zur Freude sein.

In Naturgesellschaften starb früher teilweise jeder Sechste durch körperliche Gewalt. Heute weltweit nicht einmal jeder Tausendste! Bei uns in der Familie wird sogar komplett auf Gewalt verzichtet, wenn man davon absieht, dass mich meine Tochter manchmal geschlagen hat, bevor sie in die Schule kam.

Verbessert haben sich auch Medizin und Krankenversorgung, in der Folge die Lebenserwartung, die Ernährung, die Versorgung der Menschen mit Wasser, der Wohlstand, diese Liste ließe sich endlos fortführen. Warum aber nehmen wir die Welt ganz anders wahr?

Zunächst einmal: Weil das Wohlstandswachstum anderswo höher ist als bei uns. Die meisten Chinesen sind optimistisch, weil sie sich noch erinnern, wie es war, als man sich noch keine drei Reismahlzeiten am Tag leisten konnte. Uns ging es schon in der letzten Generation nicht schlecht. Und unsere Überlegenheit den anderen Völkern der Welt gegenüber lässt nach. Das schmerzt. Denn eins ist sicher: Der Mensch fühlt sich nicht dann wohl, wenn es ihm gut geht, sondern wenn es ihm besser geht als anderen. Und wenn er erwartet, dass es ihm in

● NEW YORK // USA ●
Das ehemalige Nieuw Amsterdam ist seit
Hunderten von Jahren das Traumziel vieler
Auswanderer, wahrscheinlich weil man sich
dort selbst als immigrierender dreiäugiger
Leopard mit Geweih irgendwann als
natürlicher Teil des Ambientes fühlen kann.

der Zukunft besser gehen wird. Wenn er sich erst einmal auf dem Rückzug befindet, ist Angst seine beherrschende Emotion. Je mehr man zu verlieren hat, desto schlimmer ist es.

Selbst Jachtbesitzer leiden ernstlich, wenn das Boot nebenan zwei Meter länger ist als das eigene. Ihr Leben kommt ihnen gewöhnlich vor, und sie setzen alles daran, ein längeres Schiff zu erwerben. Das ist eine besonders armselige Form geistiger Beschränktheit. Leider aber ist dieses Denken menschlich. Es gibt nur sehr wenige Jachtbesitzer, die darüber erhaben wären. Und die liegen im Koma oder sind dement.

Der Mensch nimmt sich im Vergleich seines eigenen Umfeldes wahr und wendet sich, sobald er es dort nach ganz oben geschafft hat, neuen Peergroups zu, in denen er sich erneut nach oben kämpfen muss. Wenn eine Jacht aus Kostengründen geschrumpft werden muss, ist Depression vorprogrammiert. Nicht wenige hat es in solchen Fällen, trotz weiterhin beeindruckenden Vermögens, in das tiefe Tal der Verzweiflung verschlagen. Mitleid ist trotzdem unangebracht. Dummheit muss bestraft werden.

Unser Problem ist also: Es geht uns bereits gut, vor allem wenn man es mit früher vergleicht. Wir leben in Deutschland in einer einzigartigen Friedensperiode von weit über 70 Jahren, wir leben in weitgehender Abwesenheit von existenziellen Bedrohungen wie Epidemien, Hungersnöten oder Naturkatastrophen. Aber: Das Tempo der Verbesserung unserer Lebensumstände sinkt. Uns geht es im historischen und geografischen Vergleich **83** zwar unverschämt gut, aber das lässt auf Dauer keine exorbitanten Steigerungen mehr zu. Das gibt vielen das falsche Gefühl: Es geht abwärts!

Es ist, wie wenn dein Verein fünfmal hintereinander 4:0 gewonnen hat und plötzlich mit einem faden 2:1 gegen den Tabellenvierzehnten nach Hause kommt. Unzufriedenheit macht sich breit, und an den Stammtischen wird diskutiert, ob es nun abwärtsgeht. Wenn es in der nächsten Woche nur noch zu einem Unentschieden reicht, wird der Trainer infrage gestellt, und in den sozialen Netzwerken haben es viele so kommen sehen. Spätestens dann wird man sich suchend umschauen, wer schuld ist, auch wenn eigentlich jedem klar sein sollte, dass die Entwicklung unausweichlich und folgerichtig ist, schon weil man nicht immer und für alle Zeiten mit zehn Punkten Vorsprung die Tabelle anführen kann. Bayern-Fans wissen, wovon ich rede.

Dass man immer noch oben in der Tabelle steht, ist dann kein Thema mehr. Die Überlegenheit schmilzt! Plötzlich ist man mit anderen wieder auf Augenhöhe. Und man vermisst das arrogante Auf-die-da-unten-Schauen, das Absingen niederträchtiger Lieder, in denen die haushoch Unterlegenen rituell als anale Körperausgänge, Onanisten oder Söhne von Prostituierten beschimpft wurden.

Folgender Ratschlag könnte an dieser Stelle hilfreich sein:

GENIEßE, WAS DU HAST UND BIST,
NICHT WAS DER ANDERE NICHT HAT
UND NICHT IST!

Leider ist dieser Tipp in den Wind gesprochen. Er entspricht nicht unserer Natur. Wir sind Primaten, und im Rudel positioniert man sich immer im Vergleich zu anderen. Es geht immer auch darum: Wer muss lausen? Wer wird gelaust?

Im Primatenrudel müssen fast alle lausen. Und fast alle werden gelaust. Aber die einen lausen mehr und die anderen weniger. Lauser und Gelauste sind aber gleichermaßen unglücklich, entweder weil sie zu viel lausen müssen oder weil sie Angst haben, ihre Privilegien als Gelauste zu verlieren. Nur wenige müssen überhaupt nicht lausen. Das sind die Oberprimaten. Und die sind von Angst zerfressen, weil sie fürchten, irgendwann ihre Posten als Obergelauste zu verlieren. Dann müssen sie vielleicht wieder selbst ran.

So hat jeder sein Päckchen zu tragen. Und dies ist auch gleich der Grund dafür, warum das persönliche Glück oder Unglück über alle gesellschaftlichen Schichten erstaunlich gleichmäßig verteilt ist. Der Primat ist eines der wenigen Lebewesen, das geistig in der Lage ist, sich das Leben in jeder Lage zur Hölle zu machen.

Ein wichtiger Grundsatz auf dem Weg zu einem glücklicheren Leben ist:

LAUSEN UND LAUSEN LASSEN!

IM INFORMATIONS-
ZEITALTER

Auch wir Menschen sind Primaten und nehmen uns im Vergleich miteinander wahr. Anstatt unsere Stellung am Ende der Nahrungskette zu genießen und zu sichern, leben wir in Angst und Unzufriedenheit. Wir sehen, was passiert, und machen uns Sorgen. Da wir aber heute aufgrund des Internets und der globalen Versorgung mit Nachrichten jeder Art bei jedem Unfall, jeder Katastrophe, jedem Krieg und jeder Epidemie dabei sind und Bilder davon vor Augen haben, erscheint uns die Welt als ein Ort allgegenwärtigen Elends. Hier ein bisschen Ebola, da ein Flugzeugabsturz, danach Prominente im Dschungel, ein Desaster.

Der Mensch ist angstgetrieben. Und die Medien verstärken diese Ängste noch. Aufgeregt fährt man aus dem Schlaf hoch und fürchtet sich vor Dschihadisten, Kohlehydraten und Nagelpilz.

YouTube macht in unserer Weltwahrnehmung alles gleich: Eine Braut fällt in die Torte, ein Hund wird getötet, ein Berg rutscht. Eine Hitparade der skurrilsten Strafstöße, eine Hinrichtung, ein Krieg. Ein Kind fällt von der Schaukel, ein Haiangriff, Dick und Doof. Eine verunglückte Schönheitsoperation, Aufruhr im Gazastreifen. Wir sind dabei.

Unglücke, Verbrechen, Kriege, Katastrophen. Dazwischen Schminktipps. Oder ein Bierglas auf Mallorca. Ein Überfall in Peru, eine Verfolgungsjagd mit der Polizei in Arizona. Ein Kind fällt von einer Schaukel in Rostock. Jeder postet alles.

Da heute jeder eine Kamera mit sich führt, weil sie in seinem Smartphone steckt, haben wir von allem Unglück dieser Welt kleine Filme, die wir den ganzen Tag auf den verschiedensten Kanälen präsentiert bekommen. Das lässt uns die Welt als staubiges Loch erscheinen.

Natürlich gibt es auch zahlreiche Filme von Menschen, denen es gerade ganz normal gut geht, aber die werden kaum wahrgenommen. Wer guckt sich einen Mann beim Kuchenessen an? Aber ein Haiangriff aus der Ferne gefilmt, da bleibt man dran. Tierfreunde wollen wissen, ob dem Hai auch nichts passiert ist.

Wenn Sie heute auf der Straße fragen: »Wie ist die Welt?«, dann wird die überwältigende Mehrheit der Menschen antworten: »Schlecht!« Dabei war sie nie besser. Das ist eine objektive Wahrheit. Dass wir die Welt »schlecht« finden, liegt nicht an der Welt, sondern an dem, was wir von ihr sehen. Wir sehen in unserer medialen Weltwahrnehmung nur den Unfall, nicht jene, die gesund zu Hause angekommen sind.

Früher starben die Menschen an bakteriellen Infektionen, sie wurden in kriegerischen Konflikten massenhaft verheizt, hatten bei schlechter Ernte nichts zu essen, keine Schmerzmittel, und der Chirurg betäubte mit dem Hammer, bevor er mit dem schmierigen Faustkeil zur meist tödlichen Operation schritt. Essen mit Salz war ein Luxus für wenige. Und der Feudalherr hatte das Recht, sich die schönste der Jungfrauen unter seinen Leibeigenen zur Erstbeschlafung vorlegen zu lassen. Von alldem gab es aber keine Bilder.

Ich lebe lieber heute.

Selbst noch das letzte Jahrhundert, in dem ich geboren wurde, war bestimmt von zwei Weltkriegen, Gewaltherrschaft und Hunger. Noch vor 50 Jahren war über die Hälfte der Menschheit bitterarm. Heute sind es weniger als 10 Prozent, und der Anteil sinkt rasant weiter, trotz steigender Bevölkerung.

Dennoch wollen viele zurück ins 20. Jahrhundert, in die vermeintlich gute alte Zeit. Unsere medial geprägte Sicht auf das Heute führt zu einer gefährlichen Sehnsucht nach dem Gestern. Deshalb wünschen sich einfach strukturierte Menschen wieder ein »Europa der Vaterländer«, sie wollen »America great again« machen und die Türkei wieder in das Reich der Osmanen verwandeln.

Es ist diese Rückwärtsgewandtheit, der die Welt heute ihre wirklichen Krisen verdankt, da sie den Blick auf die echten Probleme des 21. Jahrhunderts versperrt: Migration, Überalterung, Radikalisierung, Klimawandel. Keine Zeit ist ohne Probleme. Natürlich auch unsere nicht. Am gefährlichsten aber sind jene, die den einfach strukturierten Geistern suggerieren, die Lösungen der Gegenwartsprobleme lägen in der Vergangenheit.

LAUF NICHT JENEN HINTERHER, DIE DIR EINE LÖSUNG FÜR ALLE PROBLEME VERSPRECHEN!

Sie sind entweder dumm oder perfide.

Wenn man den Menschen sagt, dass die Welt

nie besser war als heute, sind sie beleidigt. Sie wollen in ihrem Selbstmitleid nicht gestört werden. Schließlich wünschen sich viele Menschen nichts sehnlicher, als dass die Welt wieder so großartig wird, wie sie nie war. Meine Erfahrung dagegen sagt mir:

SUCHE DIE ZUKUNFT
NIE IN DER VERGANGENHEIT!

Schon immer sagten die Menschen, dass früher alles besser war. Aber wann soll diese gute alte Zeit gewesen sein, die sich viele wieder herbeiwünschen?

Man kann nicht oft genug beschreiben, wie mühselig alles war, als America noch great war und Europa noch der Nabel der Welt. Das Wasser kam nicht aus der Leitung, und es gab kein Klopapier, erst recht kein Bidet, geschweige denn ein japanisches WC, bei dem ein kleines Ärmchen aus der Schüssel fährt, um den Anus mit einem pulsierenden, warmen Wasserstrahl zu reinigen.

Früher starb man mit 17 an den Masern oder am Abszess unter dem vereiterten Zahn, von wo sich die Entzündung ohne Antibiotika und Desinfektionsmittel ungehindert bis ins Hirn fraß.

Früher lebte man auf Bäumen, in Höhlen oder im Sumpf, im Krieg, im Koma oder im Wahn. Oder im Wald, da, wo sich heute Wattenscheid befindet.

Man wusste nicht einmal, dass es Schwerkraft gibt, dass ein Gehirn zum Denken benötigt wird oder dass man sich Frauen nicht einfach nehmen darf, wenn man will. Man wusste nichts von Unterbewusstsein oder neuronalen Netzen im **89**

Schädel, und wenn man mit bekiffter oder dehydrierter Birne Stimmen hörte, gründete man eine Religion, mit anderen Worten: Die Menschheit befand sich einem Zustand, in dem sich heute ein dreijähriger Idiot befindet.

Wer glaubt, dass es früher besser war, braucht dringend einen Grundkurs Geschichte. Oder ein paar Monate Urlaub in einer Kohlengrube des Frühkapitalismus. Vielleicht bräuchten wir einen Themenpark, der die Leute in andere Jahrhunderte zurückversetzt, um ihnen zu zeigen, dass nicht alles Gold war, was heute glänzt. Oft war das, was da in der Sonne glitzerte, ein wässrig-eitriger Film auf offener Haut, ein Vorbote des Ablebens, damals, im 19. Jahrhundert, als man von der Syphilis verblödet mit Pusteln an den Genitalien ins Delirium fiel.

HEILUNG

Natürlich ist heute nicht wirklich alles besser als früher. Aber 98 Prozent. Wenn wir Schnupfen haben, gehen wir zu einem Arzt. Und wenn wir über 70 sind und keinen Schnupfen haben, auch. Einfach so. Aus Langeweile. Um uns zu beschäftigen. Und wegen der alten Zeitungen, die wir dort endlich in Ruhe lesen können.

Wenn du glaubst, dass dein Arzt früher mehr Zeit für dich hatte, dann mag das vielleicht sogar stimmen. Es könnte daran liegen, dass er da noch für das Zuhören bezahlt wurde.

Heute hört er sich dein Gejammer an und bekommt dafür aufgrund der Budgetierung irgendetwas um die 3,25 Euro, wenn überhaupt. Ab dem dritten Monat im Quartal arbeitet er umsonst. Am Wochenende ist Fortbildung. Wenn jemand behaupten darf, dass früher nicht alles schlechter war, dann sind es unsere Ärzte.

Ärzte sind schon lange nicht mehr die Halbgötter in Weiß, für die man sie einmal gehalten hat. Der Doktor, ein Mensch, der neun Jahre studiert hat und Verantwortung über Leben und Tod trägt, muss sich jämmerliche Geschichten anhören, in der die Worte Nase, Schleim, Rachen, Kratzen und Auswurf vorkommen. Er guckt von morgens bis abends in selbstmitleidige Gesichter von Gestalten, die alle glauben, dass sie bevorzugt behandelt werden müssten, weil es ihnen am schlechtesten von allen geht. Dann gibt der Arzt ihnen Ratschläge, die die Patienten nicht befolgen. Stattdessen kaufen sie Medikamente, die sie nicht nehmen. Am Ende klagen sie über den Mediziner, der ihnen nicht geholfen hat.

WENN DU WILLST, DASS DICH DER ARZT GUT BEHANDELT, VERSUCHE ES DOCH EINFACH EINMAL MIT AUFMUNTERNDEN WORTEN ODER EINEM TRINKGELD!

Natürlich gibt es in unserem Gesundheitssystem viel zu verbessern. Natürlich wäre es schöner, für jeden Kranken stünde ein eigener Arzt bereit. Aber um das bezahlen zu können, müsste jeder Patient mehr verdienen als der Arzt und es müsste trotzdem immer noch genügend ärztlichen Nachwuchs geben. Wie soll das gehen?

91

Wer sich heute schlecht behandelt fühlt, dem empfehle ich den Besuch bei einem Heiler der frühen Neuzeit.

Damals glaubte man, dass die vier Körpersäfte Blut, gelbe Galle, schwarze Galle und Schleim aus dem Gleichgewicht geraten können. Der Patient wurde im Falle eines Unwohlseins zur Ader gelassen. Man ließ das Blut einfach auslaufen. Das hatte zwar keine heilende Funktion. Aber der Patient wurde entweder gesund oder er starb. Das allerdings wäre wahrscheinlich auch ohne Aderlass passiert.

Die Syphilis behandelte man mit Quecksilber. Das sollte überflüssigen »Schleim« beseitigen. Wenn die Patienten kotzten, wusste man: Die Behandlung schlägt an. Eine Methode ähnlich der, mit der man »Besessenheit« behandelte. Hexen »heilte« man noch vor 200 Jahren, indem man sie in einem Sack ertränkte. Der Exorzismus galt im Fall des Ersaufens als erfolgreich, denn wenn der Teufel noch in der Hexe gewesen wäre, wäre die Frau ja nicht ertrunken. So war sie gerettet, wenn auch tot. Ihre Seele aber war im Himmel. Halleluja! Schon damals musste man bei schwierigen Behandlungen mit Nebenwirkungen rechnen.

Wer meint, dass es früher besser war, muss aber gar nicht so weit zurückblicken. Noch vor 50 Jahren war eine Krebsdiagnose ein sicheres Todesurteil. Heute überleben 90 Prozent der Frauen einen Brustkrebs.

Noch in der Mitte des 20. Jahrhunderts wendete der amerikanische Arzt Walter Freeman seine Methode der Lobotomie zur Behandlung psychisch Kranker an. Aufsässigen, Schizophrenen und Gewalttätern bohrte er einen Eispickel unterhalb des Lids am Augapfel vorbei in die Augenhöhle, durchbrach dann den Schädelknochen und rührte ein bisschen im Gehirn herum. Zurück blieben leichte Hämatome am Auge und geheilte Patienten, die für den Rest ihres Lebens bewegungslos an die Wand starrten.

Ich ziehe die Jetztzeit vor. Schmerzmittel, Antibiotika, Psychopharmaka. Das muss man nicht alles täglich vor dem Frühstück einnehmen. Aber es ist schön zu wissen, dass es im Notfall zur Verfügung steht.

Natürlich gilt ein grundsätzlich positiver Blick auf die Welt heute als entweder irre oder provokant. Ein Optimist muss sich rechtfertigen. Er muss erklären, wie er auf die absurde Idee kommt, das Gute könnte einen wesentlichen Aspekt der Welt repräsentieren.

Für viele ist ein positiver Grundzustand in der heutigen Zeit nur mithilfe von Drogen zu erreichen. Optimismus kann aber auch aus einer ganz realistischen Weltsicht heraus entstehen und gut begründet sein. Wie schafft man es, sich der allgegenwärtig medial verbreiteten Verzweiflung zu entziehen? Erst einmal muss man genügend Selbstbewusstsein haben, um sich dem krakeelenden und jammernden Mainstream zu verweigern. Dann genügt ein klarer Blick auf die Realität, um festzustellen: Die Zeiten waren schon schlimmer. Eigentlich war es sogar immer schlimmer als heute.

Um es mit medizinischen Begriffen zu um- **93**

schreiben: Wir brauchen keine Heilung. Wir müssen nur begreifen, dass wir gar nicht so schwer krank sind.

DIE LAGE

Wir haben eine Staatsquote von fast 50 Prozent, das heißt, dass fast jeder zweite erwirtschaftete Euro in diesem Land erst einmal umverteilt wird Richtung Allgemeinheit. Wir leben also in einer Art liberalem Sozialismus, von beiden Seiten, freier Marktwirtschaft und sozialistischer Umverteilung, haben wir in etwa die Hälfte übernommen. Das ist gut so!

Wir haben eine liberale Marktwirtschaft, weil wir wissen, dass der Mensch in freien Märkten und zum eigenen Vorteil arbeitend kreativ und produktiv ist. Aber diese Marktwirtschaft haben wir beschränkt, weil wir erkannt haben, dass sie ansonsten die Menschen ausbeutet.

In einer Wirtschaft, in der man weder reich noch wirklich arm werden kann, besteht kein Grund mehr, irgendetwas Besonderes zu leisten oder überhaupt zur Arbeit zu gehen, außer man wird, wie es in solchen Systemen grundsätzlich üblich ist, mit Waffengewalt dazu getrieben. Unbequeme Arbeiten werden dort nur unter Zwang verrichtet, weil Geldmangel als Motivation ausfällt. Wer wann was zu erledigen hat, entscheiden Funktionäre, denen es in erster Linie darum geht, ihre Privilegien zu si-

94

chern. Denn die Egoisten, die es in jeder Gesellschaft gibt, werden alles daransetzen, in Führungspositionen zu gelangen. Es ist ihre einzige Chance, sich Vorteile zu verschaffen.

Sie machen sich die Taschen voll, und am Ende bricht alles zusammen; Venezuela, Nicaragua, die UdSSR, es gibt zahllose Beispiele. Der völlige Zusammenbruch der DDR war insofern kein Betriebsunfall. Er war folgerichtig, erklärbar, unausweichlich.

Unsere Wirtschaftsform hat einen enormen Wohlstand hervorgebracht und einen Sozialstaat, wie er in der Geschichte der Menschheit seinesgleichen sucht. Es gibt heute keine nennenswerte Arbeitslosigkeit mehr, im Gegenteil, wir haben einen gravierenden Arbeitskräftemangel. Wir geben in Deutschland jährlich 165 Milliarden Euro für Soziales, Gesundheit, Familie, Senioren, Frauen und Jugend aus. Das ist ziemlich genau die Hälfte des gesamten Steueraufkommens. 84 Millionen gehen an die Zusatzversorgung der Bezirksschornsteinfeger und eine halbe Million an die Deutsche Seemannsmission. Das ist in Ordnung. »Und was ist mit uns?«, mag jetzt die Bergwacht fragen. Ich weiß es nicht.

Wenn man sich den Zustand unseres Landes anschaut, stellt man schnell fest: Insgesamt alles nicht schlecht. Was aber das vielleicht Wichtigste ist: Die überwältigende Mehrheit der Deutschen ist mit dem eigenen Leben zufrieden! Zum Zeitpunkt der letzten Bundestagswahl waren es über 85 Prozent. Dennoch wählte fast die Hälfte der Wahlberechtigten gar nicht oder nur, um ihren Protest kundzutun. Das ist absurd.

95

Der Grund dafür: Die Deutschen sind nicht mit dem eigenen Leben unzufrieden, aber sie haben Angst, weil sie den Medien entnehmen, dass es den anderen im Lande schlecht geht. Und dass es bald schlechter werden könnte.

Sie wissen nicht, dass fast alle mit ihrer persönlichen Situation einverstanden sind, und glauben an eine große Unzufriedenheit, die schon bald alles niederreißen könnte. Sie sind hereingefallen auf die mediale Dauerschleife, die fast nur von Abgehängten und Wütenden berichtet, aber selten oder nie von der überwältigenden Mehrheit der Zufriedenen, deren Geschichten sich nicht dazu eignen, die öffentliche Erregung weiter anzukurbeln und Quoten, Auflage oder Klickzahlen zu erzeugen.

Auch ein mathematisch völlig Unbegabter sollte erkennen können: Wenn 85 Prozent der Menschen zufrieden, aber gleichzeitig der Meinung sind, der ganze Rest sei unzufrieden, dann stimmt etwas nicht. Die Rechnung geht nicht auf. Ein wichtiger Ratschlag an dieser Stelle ist:

**WENN DU ZUFRIEDEN BIST, FREU DICH!
UND JAMMER NICHT, DASS ES MIT DEINER
ZUFRIEDENHEIT BALD ZU ENDE SEIN KÖNNTE!
LASS DICH NICHT ANSTECKEN
VOM VIRUS DER VERÄNGSTIGUNG!**

Ich habe es geschafft, und es hat mir gutgetan. Wie war das möglich? Vielleicht an dieser Stelle ein paar Worte über mich, nur um zu verdeutlichen, dass einem psychische Gesundheit nicht geschenkt wird.

WOHER BEZIEHE ICH
MEINE ERFAHRUNG?

Als ich vier Jahre alt war, zog ich in die Großstadt. Meine Familie bewegte sich damals, den Zugvögeln folgend, vom Niederrhein in die Hauptstadt unseres Bundeslandes Nordrhein-Westfalen, ein multikultureller Schmelztiegel, denn hier lebten nicht nur Niederrheiner und Rheinländer nebeneinander, sondern auch Japaner und Westfalen, Letztere mit Integrationsproblemen, die aber nicht unüberwindlich schienen.

Mein Vater war davon überzeugt, dass er auf ewig in Sicherheit leben würde, wenn er erst einmal verbeamtet wäre. Er arbeitete beim Regierungspräsidenten und wartete auf weitere Instruktionen.

In einem Beamtenhaushalt lernt man nicht, dass Eigeninitiative unabdingbar ist, wenn man seine Vorgaben erreichen will. Antriebslos und mit dem festen Vorsatz, mich im Leben nicht zu verausgaben, startete ich in den Reifeprozess.

Mir war mein natürlicher Unternehmergeist im Zuge der Erziehung im Beamtenhaushalt abtrainiert worden. Freie Wirtschaft galt bei uns als Bedrohung der behördlichen Genehmigungsprozesse. Wir lebten nicht in der Wirklichkeit, sondern innerhalb von Sachverhalten. Der Mensch verfügt eigentlich von sich aus über einen starken Willen, der sich in Millionen Jahren Evolution entwickelt hat. Es gibt aber Dinge, die ihn hemmen: der Verlust des Ichbewusstseins, Verletzungen des vorderen Stirnlappens oder der Eintritt in den Staatsdienst.

Beamtentum war Millionen Jahre lang in der Natur nicht vorgesehen. In freier Wildbahn musste sich das Hirn des Homo sapiens immer wieder existenziellen Entscheidungen stellen. Es wuchs an seinen Aufgaben. Größer und größer wurde es, bis sich dem menschlichen Geist wieder neue Herausforderungen entgegenstellten.

Im Staatsdienst aber ist das oberste Ziel, Entscheidungen zu vermeiden, um eine ausgiebige, gerne mehrjährige Prüfung der juristischen Umstände zu ermöglichen. Dem domestizierten Staatsdiener geht es nicht mehr darum, tödlichen Tieren zu entkommen oder kalten Wintern zu trotzen. Er kümmert sich um sein Überleben in der Zugluft eines Vorzimmers und verwendet seine gesamte Energie darauf, die Stechpalme zu gießen, ohne sich zu piksen.

So wuchs ich auf im Umfeld regelmäßiger Bezügemitteilungen und geregelter Arbeitszeiten. Der Feierabend war damals noch Feierabend. Ich lernte den Zauber der Rechtschaffenheit kennen und dass die Relativität der Zeit innerhalb der Behörden unwirksam blieb, denn wenn täglich sekundengleich der Kugelschreiber aus der Hand fiel, war Schluss. Die Zeit war absolut damals und endete um 17:00 Uhr.

Ich erinnere mich an gelegentliche Besuche in der Behörde, an die nach Ammoniak riechenden Flure, an die dezente, aber klar geregelte Grußkultur: ein »Guten Morgen« zu Tagesbeginn, dann sechs Stunden lang »Mahlzeit«, übergehend in das

98

den Tagesausklang untermalende »Schönen Feierabend« von 16:05 bis 16:45 Uhr. Dann anziehen.
Tascheninhalt prüfen. Schirm nicht vergessen. Fer-
tig. Wer danach noch anwesend war, hatte das Bewusstsein verloren.

So ändern sich die Lebensweisen der Menschen
mit den Anforderungen, die an sie gestellt werden.
In der Behörde war der Beamte seiner natürlichen
Lebensweise vollständig entrissen. Kein Mensch be-
tritt eine Behörde mit Pfeil und Bogen und macht
dann am späten Vormittag Jagd auf Beamtenan-
wärter im Paragrafendschungel, um sich mit Nahrung zu versorgen. Niemand erlegt und häutet einen
zähen Assessor. Keiner ist so verwegen, einen übel-
riechenden Referendar auf offenem Feuer zu kochen.

Zu Mittag geht es in die Kantine, Stammessen
eins, denn zwei ist Fisch und drei ganz ohne Nahrung,
also vegetarisch. Die Jagd ist aus.

Vielleicht erklären diese eingeschobenen Anekdo-
ten meine Sozialisation betreffend nicht vollständig,
warum ich dieses Buch wirklich schreibe und warum ich den starken Drang verspüre, meinen Mitmenschen als Berater zur Seite zu stehen. Aber sie
erklären vielleicht, aus welchem persönlichen Umfeld heraus sich mein Wille zur Ratgeberschaft entwickelt hat.

Aus einer scheinbar gesicherten Unsterblichkeit
im Rahmen umfassender staatlicher Versorgung hat
es mich hinausgespült in die freie Welt. Ich habe in
meiner Kindheit die Illusion genießen dürfen, nichts
und niemand wäre in der Lage, mein Leben zu
bedrohen, ja, dass selbst der Tod für mich **99**

keinerlei Bedeutung hätte, da ich über die Beamtenversorgung familienversichert war. Hier war ein Herzstillstand nicht vorgesehen. Ich will aus meiner eigenen Erfahrung heraus ein wenig von der Unbeschwertheit, die ich erfahren durfte, weitergeben.

Natürlich weiß ich indessen, dass es durchaus im Bereich des Möglichen liegt, dass auch ich einmal sterben werde. Es ist unwahrscheinlich, aber nicht unmöglich. Ich möchte aber mit meinen Ratschlägen helfen, den Vergänglichen eine Stütze zu sein, ihnen Kriterien zur Entscheidungshilfe und sinnvollen Lebensgestaltung mitzugeben, ihnen wenigstens ein kleines bisschen jener Sicherheit zu verleihen, die ich empfand, als ich mich noch im zarten Nest der Beamtenerziehung befand.

Mich treibt also ein guter Wille an. Ich halte das Leben für das Wertvollste, was wir haben. Wir sollten es leben – und nicht nur verwalten. Wir sollten einerseits sorglos sein, aber dennoch auch immer in Betracht ziehen, dass selbst das Landesamt für Besoldung und Versorgung nicht in der Lage ist, den Tod zu besiegen.

REDEWENDUNGEN

Es folgen nun gleich drei weitere Ratschläge, damit du weiterhin das eindringliche Gefühl hast, dass dieses Buch deine Persönlichkeit stärkt und dich weiterbringt. Erstens:

SEI KEIN FROSCH!

Dieser Ratschlag hat meine Jugend begleitet und mich geprägt. Ich war nie einer und werde auch nie einer sein. Ich neige auch nicht zur Unke oder zur Kröte. Ich glaube auch nicht, dass der obige Ratschlag wirklich zielführend ist. Die meisten Menschen, die ich kenne, haben ohnehin nie ernsthaft über eine Umwandlung zur Amphibie nachgedacht. Ich kenne persönlich nicht einmal Menschen, die eine Geschlechtsumwandlung ernsthaft in Betracht gezogen hätten. Der Wille, ein anderer zu sein, ist weniger verbreitet, als man denkt. Zweitens:

HAND AUFS HERZ!

Kann man machen. Das Herz liegt aber in der Mitte und nicht unter der Brust. Männer dürfen diesen Ratschlag also nicht zur Rechtfertigung irgendwelcher Grapschereien missbrauchen. Drittens:

LASS DICH NICHT VON DUMMEN REDEWENDUNGEN VON DEINEM WEG ABBRINGEN!

Dieser Ratschlag gilt grundsätzlich immer. Vorsicht also!

101

WOHER ICH
DAS ALLES WEIß

Woher ich das alles weiß? Ich habe keine Ahnung. Man behält so dies und das … Aber was ich weiß, gebe ich gerne weiter. Das heißt nicht, dass ich mich für allwissend halten würde. Im Gegenteil! Um es mit Sokrates zu sagen: Ich weiß, dass ich nichts weiß. Was so viel heißen soll wie: Selbst wenn man einiges zu wissen glaubt, bleibt alles fraglich und vieles unbekannt.

Nur ein paar Beispiele für mein Unwissen: Das Bruttoinlandsprodukt von Lesotho war mir bis eben völlig unbekannt. Natürlich habe ich es jetzt gegoogelt und war überrascht, dass immerhin 2,2 Milliarden Dollar zusammenkommen. Da wird auch ganz schön gebrasselt!

Es gibt so vieles, was sich unserer Kenntnis entzieht! Mir war lange Zeit völlig unbekannt, wo der Unterschied ist zwischen einer Sepia, einem Kalmar und einem Oktopus, also einem Kraken. Alle sind Tintenfische. Aber der Oktopus hat nur acht Arme. Sepien haben zehn und einen Flossenrand. Und Kalmare haben zwar ebenfalls zehn Arme, werden aber trotzdem auch Oktopus genannt, und zwei ihrer Arme sind länger als die anderen.

Das Problem ist, dass ich alle Dinge, die ich nicht weiß und deshalb hier aufzählen möchte, sofort nachschlage. Und dann gehören sie nicht mehr zu den Dingen, die ich nicht weiß. Wenn ich also

102

hier unendlich weiterschreibe, werde ich irgendwann allwissend sein. Vielleicht hat auch Gott damals so angefangen. Allerdings gab es damals Google noch nicht. Vielleicht hat der Schöpfer für die Faktensuche damals irgendetwas aus der Vorzeit benutzt, wahrscheinlich Yahoo.

Bei allem, was ich nicht weiß, halte ich mich dennoch für einen kompetenten Ratgeber. Ich möchte an dieser Stelle gerne noch einmal eindringlich darauf hinweisen, dass sich meine Berufung zum Ratgeber konsequent aus meinem Lebensweg erschließt. Er ist vielleicht sogar eine Berufung! Ich weiß es aber nicht. Ich hätte natürlich auch nicht gleich ein ganzes Buch schreiben müssen. Ich hätte auch in einem kleinen Beitrag der *Apotheken-Umschau* kurz skizzieren können, wo es langgeht. Und dann schweigen. Oder abwarten? Wer weiß? Egal.

Aber es hat mich gedrängt, den großen Wurf zu wagen! Hatte ich nicht schon immer ein wenig das Gefühl, höhere Aufgaben würden auf mich warten? Ich war inspiriert von Joseph Beuys, der damals in Düsseldorf wirkte.

Für Beuys war jeder Mensch ein Künstler, also auch ich. Ich akzeptierte meine Artistenberufung und begann mit der Arbeit. Schnell begriff ich, dass ich mit der von meinem Vater gelernten Arbeitsweise nicht weiterkam. Mein Vater ging jedes Problem auf die gleiche Art und Weise an. Er klärte den Sachverhalt, legte auf Wiedervorlage, zeichnete ab und verwies die Sache dann an die nächste Instanz. Ergebnisse konnte er immer erfolgreich abwenden.

103

• TIRASPOL // TRANSNISTRIEN •

Es gibt Staaten auf der Welt, die faktisch existieren, aber dennoch von niemandem anerkannt werden, meist zu Recht, weil ihre Existenz auf illegalen Abtrennungen oder kriegerischen Abenteuern beruht. Wenn jeder einfach irgendwo mit dem Panzer hineinfahren und einen Staat eröffnen kann, kommen wir in Teufels Küche. Dann regiert irgendwann wieder – wie in vorgeschichtlichen Zeiten – das Recht des Stärkeren, es gibt nichts mehr zu essen, und die Stuckrosetten faulen vor sich hin.

Als ich Beuys kennenlernte, verstand ich, was zielgerichtete Planung ermöglicht. Er erklärte mir, dass Politik nun mit der Honigpumpe gemacht würde. Das Prinzip dieses Apparates als universeller Katalysator einer gesellschaftlichen Transformation faszinierte mich. 1977 auf der documenta 6 realisiert, bestand die Maschine aus zwei Teilen: ihrem kommunikativen, also immateriellen Gehalt und der physischen Installation. Drei Zentner Honig wurden aus einem Kessel bis zur Lichtkuppel der Ausstellungshalle und dann durch ein 173 Meter langes System aus Röhren und Schläuchen gepumpt. Mir erschien das erheblich sinnvoller als das, was mein Vater täglich erledigte.

Beuys ging es um physikalisch-soziale Prozesse. Da Energie nicht verschwinden oder aus dem Nichts entstehen kann, sondern nur umgewandelt wird, bleibt die Energie im Universum gleich, weshalb alle Gestaltung nur Umwandlung von Energie ist. Beuys wollte die Welt verändern durch soziale Energiezuführung. Mein Vater aber war sein Gegenspieler. Er stemmte sich jeglicher Kreativität entgegen, von 8:00 bis 17:00 Uhr, wenn man von einer einstündigen Mittagspause absah. Honigpumpen waren ihm fremd.

Von Beuys aber lernte ich: Besser ist es, Honig zu pumpen, als anderen dabei im Weg zu stehen.

MACHEN ODER
VERHINDERN

GESTALTE DIE WELT!
ENTWICKLE DICH SELBST!
SEI EIN KÜNSTLER!

Das ist ein guter Ratschlag. Etwas zu schaffen macht weitaus zufriedener, als etwas zu verhindern oder gar zu zerstören. Es ist wahrscheinlich für die meisten Menschen erheblich befriedigender, ein Auto zu bauen, vielleicht eines, das über Algorithmen verfügt, die Unfällen vorbeugen oder den Emissionsausstoß optimieren, als eines anzuzünden, was natürlich viel spannender ist und auch beeindruckender aussieht. Großartig! Aber es ist verboten, aus gutem Grund. Weil Autoanzünder, und das ist, neben den bei der Verbrennung anfallenden umweltschädlichen Substanzen, das größte Problem, meist nicht das eigene Auto anzünden, sondern das ihrer Mitbürger. Deshalb wird das Anzünden von Autos in der Bevölkerung mehrheitlich abgelehnt. Zu Recht, wie ich meine!

Gerade in Berlin wird das Autozündeln oft von Menschen ausgeübt, die von sich behaupten, für das Volk zu kämpfen. Das Volk selbst will davon aber gar nichts wissen, es will in erster Linie, dass sein Eigentum nicht angezündet wird, was wiederum dem Volkskämpfer egal ist. Nichts ist dem Revolutionär gleichgültiger als die Meinung derer, für die er behauptet einzutreten. Davon abgesehen:

Ein Auto zu bauen ist sicher weit erfüllender, als in einer Politessenuniform zu verhindern, dass man es irgendwo abstellen kann.

Es ist schöner, ein Haus zu planen, als die Baugenehmigung anzufechten. Dennoch: Bei uns gilt das Im-Weg-Stehen gegenüber dem Selbermachen als moralisch überlegen. Ob Bahnhöfe, Straßen oder Hochhäuser, wer baut, gilt als Drecksack, der verhindert, dass wir naturnah leben, also im Moor oder im Wald.

Macher gelten als profitgierige Menschenschinder, Verhinderer als Retter der Geknechteten. Man steht am Baustellenrand mit Tränen in den Augen und verweist auf das Schicksal des Bunzbauernkäfers, der im Zuge der Bauarbeiten nicht nur Hab und Gut, sondern auch, aufgrund der psychischen Belastung, seine seelische Gesundheit verliert.

Wir sehen das Neue skeptisch, weil es oft unvermittelt einbricht in die Gemütlichkeit des Jetzt. Wer will das schon? Zukunft hat immer etwas Bedrohliches. Zu viel davon, und schon sind wir tot. Die Geburt liegt für jeden von uns in der Vergangenheit, der Tod vor uns. Deswegen erscheint das, was kommt, immer irgendwie unheimlich. Wir wollen das nicht. Wir wollen, dass alles bleibt.

Jede Erfindung, jede Veränderung, jeder Neubau birgt die Gefahr der Lärmbelästigung und der Bodenversiegelung. Das ist richtig und kann unangenehm sein. Wenn der Mensch aber in seiner Entwicklung alles unterlassen hätte, was die Möglichkeit einer Gefahr in sich birgt, dann wäre schon die Erfindung des Rades verhindert worden, weil es **107** immer ungefragt losrollen und jemanden verletzen kann.

Heute müssen auch in privaten Garagen Schilder aufgehängt werden, die auf die Gefahr der Abgasvergiftung hinweisen. Wahrscheinlich werden schon bald auch in privaten Aborten Verdauungsvorschriften hängen, und in den Schlafzimmern wird mit gelben Schildern über dem Nachtschränkchen auf die Gefahr der sexuellen Übertragung gefährlicher Erreger hingewiesen. Süßigkeiten werden mit kindskopfgroßen Totenschädeln auf der Verpackung angeboten und der Verkauf von Alkohol verboten.

Natürlich hat all dies seine Berechtigung. Gefahren lauern überall. Immer wenn der Mensch etwas unternimmt, können Geräusche entstehen, die das Tosen eines Bächleins überschreiten und damit die Gesundheit der Menschen schädigen könnten.

Die seltene rotbraune Blauschwanztrappe könnte beim Singen gestört werden! Oder die karierte Haubenagame beim Tischtennis! Oder die Stubenfliege beim Sitzen auf einem Kothaufen! Es ist egal, um welches Tier es sich handelt. Hauptsache, es ist schon einmal gesehen worden. Oder gehört. Oder es wurde in Geschichten von seiner Anwesenheit erzählt.

In unserem Land kann man nicht einmal mehr einen Bahnhof bauen ohne jahrelangen Rechtsstreit. Sie können kein Open-Air-Konzert veranstalten, ohne zum Ausgleich für Lärm und Anfahrtsverkehr 100 Schwarzrindenpappeln zu pflanzen, die Lebensräume darstellen für Tiere, die ansonsten nur im Kreuzworträtsel vorkommen.

In unserer Gesellschaft gilt das Verhindern als Inbegriff sozialen Handelns. Es begann in den 70ern, dass Menschen die Zukunft nicht mehr gestalten, sondern in erster Linie stoppen und abschalten wollten. Seitdem gilt das Verbieten bei uns als Symbol des menschlichen Fortschritts.

In einem Land, das seinen Wohlstand zu einem nicht geringen Teil der Autoindustrie verdankt, gilt das Fahrrad, eine Erfindung des 19. Jahrhunderts, als glückselig machendes Fortbewegungsmittel der Zukunft. Fahrradfahrer fühlen sich als Retter der Menschheit und glauben deshalb, Verkehrsregeln seien für sie irrelevant. Wenn ein Fahrradfahrer mit 25 Kilometern in der Stunde über den Bürgersteig rast, um von dort, ohne zu gucken, quer über die Straße zu schießen, sind Rentner mit Rollator selber schuld, wenn sie erschrecken, und Autofahrer gelten als Mörder, wenn sie beim panischen Ausweichen einen Dackel anfahren.

Alten, Dicken, Anzugträgern, auf dem Land Wohnenden, Einbeinigen, Kälteempfindlichen und Kranken wird empfohlen, das Rad zu benutzen, um 20 Kilometer in die Stadt zu fahren und abends wieder zurück. Wer Zweifel an der Praktikabilität ideologischer Verkehrssteuerung anbringt, gilt als Umweltignorant. Verweise auf Regen, Schnee, Eis oder Wind werden mit dem Hinweis weggewischt, es habe im letzten Jahr mehrere Tage mit Sonnenschein gegeben, sogar schon im Frühjahr.

Verschwitzte Menschen, denen die nassen Haare nach langem Radweg im rotleuchtenden Gesicht kleben, verstehen nicht, dass man mit **109** einer Erscheinung ihresgleichen besser nicht bei der Vorstandssitzung erscheint.

Schwangeren, Behinderten und Alten wird empfohlen, sich nicht so anzustellen und eine Rikscha zu holen. Vielleicht sieht es bei uns irgendwann so aus wie in Beijing 1980. Bei uns liegt die Zukunft im 20. Jahrhundert.

In China hat man das Fahrrad hinter sich gelassen. Dort setzt man auf alternative Antriebstechniken und Zukunftstechnologien. Wir halten Shenzhen und Shanghai für smogvernebelte Megacitys, aber tatsächlich surren dort schon heute die Elektromobile, und die Luft wird täglich klarer. Dort wird gehandelt und die Zukunft nicht in der Vergangenheit gesucht. Dies soll kein Lob des politischen Systems dort sein! Aber man hat dort eine Bereitschaft zur Veränderung, die sich am Zeitstrahl vorwärts orientiert. Das ist nicht schon deshalb falsch, weil es im für uns falschen System stattfindet.

Bei uns denkt man ungern darüber nach, etwas Neues zu erfinden, solange es noch Altes gibt, das man verbieten kann. So werden wir uns in Zukunft wohl wieder mit dem Tretrad bewegen und nicht mit dem achtarmigen solarbetriebenen Volocopter.

Draußen, in fremden Ländern, werden die Menschen viele Wege gar nicht mehr machen müssen, weil man den Einkauf mit Drohnen direkt in den Kühlschrank liefert und Strategiekonferenzen nur noch holografische Anwesenheit erfordern. Es steht zu befürchten, dass wir Europäer diese Entwicklungen als Letzte genießen können. Natürlich arbeiten auch hierzulande Ingenieure an der Zu-

110

kunft, meist aber unbemerkt, im Geheimen, wo es unsere Rückwärtsgewandten nicht verhindern können. Wenn sie davon wüssten, würden sie mit dem Fahrrad protestieren. Vielleicht auch zu Fuß. Jedenfalls nicht schneller als mit 30. Meine Bitte wäre:

GESTALTE DIE ZUKUNFT!

Es ist dumm, sie als Feind zu betrachten. Zukunft ist immer Bedrohung und Chance zugleich. Es gilt: Die Zukunft kommt. Sie wird sich nicht aufhalten lassen. Die Frage ist also nur: Kommt sie mit uns oder ohne uns? Momentan sieht es so aus, als wenn wir auf eine Teilnahme weitgehend verzichten wollten.

Das ist dumm. Zukunft bedeutet immer Veränderung und damit auch Abschied vom Gewohnten. Plötzlich schnurrt ein geräuschloses Elektromobil vorbei, ein Schuh kommt aus dem 3-D-Drucker, der Zonk ist nicht mehr im Fernsehen, ein Dunkelhäutiger sitzt im Café, deine neue Leber wächst in einem Schwein heran, im Auto gibt es kein Lenkrad mehr, und eine 90-minütige Erektion kommt ohne Rezept aus der Internet-Apotheke. Prima!

WENN SICH DIE GANZE WELT VERÄNDERT, DANN VERÄNDERE DICH MIT!

Um Missverständnissen vorzubeugen: Ich bin zwar dagegen, dass wir uns dem steten Wandel reflexartig widersetzen. Das heißt aber natürlich nicht, dass wir alles akzeptieren müssen, was kommt! Je schneller sich die Dinge verändern, umso wichtiger ist, dass wir uns ständig fragen: Wo bin ich, und vor allem: Wo will ich hin?

Wenn wir an einer Weggabelung stehen, können wir uns entscheiden: rechts oder links? Wir haben es selbst in der Hand und müssen nicht drauf warten, dass uns Google mitteilt, wo wir abbiegen müssen.

Google weiß allerdings vorher, wie wir uns entscheiden werden, und präsentiert uns schon im Vorhinein die besten Links mit den besten Locations. Und wenn du einmal den Begriff »Campingplatz« eingegeben hast, wird es dir nie mehr ein vernünftiges Hotel anzeigen.

Wenn deine Nichte einmal auf deinem Computer nach Barbie-Produkten gesucht hat, dann wird alles, was dir in deiner Seitenleiste angezeigt wird, bis zum Lebensende blond und schlank sein.

Deshalb sollten wir in Betracht ziehen, dass es im Leben Situationen gibt, in denen wir ohne Google entscheiden sollten. Wir besitzen eine unter dem Algorithmus verborgene Persönlichkeit, unser »Ich«!

SEI DU SELBST!

FOTOS

Wenn du nicht weißt, wer du bist, dann kannst du es ganz einfach herausfinden: Du bist der auf dem Foto, wenn du ein Selfie machst.

Dann hast du dich digitalisiert. Dein Gesicht wird vom Betriebssystem erkannt. Dein Smartphone weiß nun, wer du bist, was du machst, wo du dich befindest und wie du dich gleich entscheiden wirst. Das hat es dir voraus. Du weißt es noch nicht. Aber dein Smartphone kennt dich besser als du, als deine Mutter, als deine Freunde. Du bist ein offenes Buch – leider nicht für dich und deine Freunde, sondern für Google.

Früher machtest du ein Foto, und niemand erfuhr davon. Du ließest es »entwickeln« und »abziehen«. Nach wenigen Wochen hattest du einen Ausdruck. Wenn ein unscharfer brauner Brei zu sehen war, war das Bild unterbelichtet, wenn ein paar Konturen auf weißem Grund erschienen, war zu viel Licht auf den Film gefallen. Strahlte alles in Rot, hattest du einen Lichteinfall in der Kamera. War alles gut belichtet, war es dein Glückstag.

»Sonne lacht, Blende acht«, so sagte man. Dieses Grundgesetz der Lichtbildkunst galt aber nur in Dorsten und Umgebung. Schon in Arnsberg oder Meschede musste aufgrund der UV-Lichtverhältnisse entweder ein anderer Film oder eine andere Belichtungszeit gewählt werden. Menschen, die damals behaupteten, dass man in wenigen Jahrzehnten mit dem Telefon fotografieren würde, wurden in geschlossene Anstalten eingeliefert.

Damals hast du beim Fotografieren auch keine Schnute gemacht wie ein schlechter Entendarsteller.

Du hast einfach geguckt und nicht versucht, den Eindruck zu erwecken, dies sei der geilste Moment deines Lebens, du hast kein Victoryzeichen gemacht oder so getan, als würdest du gerade tanzen. Du hast auch nicht versucht, dich zu räkeln wie eine miese Darstellerin in einem Softporno.

Früher stand man auf dem Foto einfach da. Nichts wurde fotografiert, um Likes zu erzeu-

113

gen. Niemand tat so, als sei der Sonnenuntergang, den man gerade erlebt, der geilste Sonnenuntergang des Universums! Man fotografierte ihn, weil er schön war, keine Sensation, sondern einfach ein Sonnenuntergang, ein Vorgang, der jeden Abend stattfand und deshalb keine hysterische Euphorie erzeugte, sondern ein angenehmes Gefühl. Man zeigte dieses Fotos nicht der ganzen Welt, weil man wusste, dass sich keine Sau jemals dafür interessieren würde. Und alle, die ihre Bilder für zeigenswert hielten, merkten spätestens bei der nächsten Dia-Show, dass die Bilder nicht aufregend waren, sondern die Zuschauer ins Koma fallen ließen.

Hätte es damals schon Emojis gegeben, hätten die meisten Menschen unter die Dia-Show ein Edvard-Munch-Schrei-Emoji gesetzt.

Ein Foto war früher einfach eine Erinnerung. Heute ist es eine Verlautbarung, ein Zeichen an die Gemeinschaft, an die Crowd in der Cloud: Mir geht es gut, ich bin euphorisch, auch wenn mein Lächeln aussieht wie eingestanzt! Ich bin cool, ich bin in Pforzheim, ich esse vegan, nicht weil das gesund wäre, das ist es nicht, sondern wegen der Tiere! Dann folgt das unvermeidliche Salatfoto, ein nährstofffreier Anblick. Früher fotografierte man sein Essen nicht, man aß es.

Heute ist alles ein Bild. Posen, knipsen, Frauen sehen aus, als wären sie beim Casting für *Pretty Woman 2*. Sie machen kein Bild von sich, sondern eine Setcard für einen Escortservice. Alle wirken, als hätten sie einen Sack Stimmungsaufheller verschluckt.

114

Männer dagegen wollen cool sein und gucken, als wären sie Mitglieder des Vorstands der Cosa Nostra. Oder sie schauen wie nach einer Woche Verstopfung. Düster, verächtlich ist ihr Blick, als wären sie in der Lage, ohne mit der Wimper zu zucken einen Bienenkorb auszulecken. Oder sie sind in Ekstase und winken mit Getränken. Das gibt ihnen Bedeutung. Und darum geht es.

Ein Foto war früher ein Festhalten, heute ist es ein Statement: Mir geht's gut! Hallo! Alles super!

SOZIALE MEDIEN

Fotos sind ein wesentlicher Bestandteil unserer Kommunikation geworden, aber unsere Posting-Kultur hat auch andere Facetten.

Früher bestand die öffentliche Diskussion aus dem, was von Journalisten, Experten, Intellektuellen oder Wissenschaftlern veröffentlicht wurde. Dazu kamen Leserbriefe, die die Stimme des Volkes spiegelten und häufig die Worte »Rübe runter«, »Langhaarige Gammler« und »ins KZ« enthielten.

Es gab also eine deutliche Differenz zwischen Profis und Amateuren. Heute kommt jeder Depp überall zu Wort. Da Amateure oft lauter sind als Profis, werden Fachleute oft gar nicht mehr wahrgenommen. So wird die öffentliche Diskussion inzwischen nicht mehr von Argumenten bestimmt, sondern von Geschrei. Das ist Demokratie!

115

Hinz und Kunz beziehen Stellung zu den wesentlichen Fragen des Lebens. Hier gibt es selten Fußnoten oder wissenschaftliche Belege. Selbst zaghafte Versuche argumentativer Auseinandersetzung enden im Krawall der Beleidigungskultur. Hier zeigt sich, was wirklich in den Köpfen spukt. Das hat nicht nur Nachteile!

Es wird deutlich, dass es in der menschlichen Kommunikation selten um die Wahrheit, aber fast immer ums Rechthaben geht. In sozialen Medien gibt es keine problemorientierten Erörterungen. Niemals wird lösungsoffen versucht, zu einem gut begründeten Ergebnis zu kommen. Hier wird niedergeschrien und krakeelt, der Andersdenkende als Feind betrachtet.

Jeder gibt seinen Senf dazu und meint, die Welt hätte auf seine Meinung gewartet, was natürlich nicht der Fall ist. Sieben Likes von sowieso immer Gleichgesinnten, ein Herz von Tante Ingrid, das war's in den meisten Fällen. Wer mehr hat, ist Influencer, was so viel heißt wie: Er weiß auch nichts Besonderes, aber man hört auf ihn.

Dies alles passiert entweder in großer Erregung oder mit staatsmännischer Attitüde, die Fremdwörter gerne im falschen Zusammenhang, aber mit großem Selbstbewusstsein verwendet, genital, karibisch, rein idealogisch – und immer verbal gesagt, improfund und imprägnant. Das soll signalisieren: »Ich weiß was! Ich stehe aufrecht im Wind! Ich beuge mich nicht dem Feind!«

116 All das dient der Selbststilisierung als bedeutender Teilnehmer im gesellschaftlichen

Diskurs und ist nicht mehr als ein armseliger Versuch, der eigenen Bedeutungslosigkeit Gewicht zu geben.

Da man nach kurzer Zeit nur noch Leute auf der Seite hat, die eh über die gleiche Position und den gleichen Vorrat an Vorurteilen, Wut und alternativen Fakten verfügen wie man selbst, wird immer der eigene Standpunkt bestätigt. Gegenargumente erscheinen nur noch ab und zu und wenn, dann von zufällig dazugestoßenen Trollen. Die lassen die Wut auf alle Andersdenkenden ansteigen und steigern so noch den Zusammenhalt des eigenen Rudels.

Soziale Medien funktionieren so einerseits als Selbstbestätigungsmaschinen, andererseits als Fremdhasserzeuger. Die Bestätigung durch Gleichmeinende und der Hass der anderen verstärkt das Gefühl der eigenen Bedeutung. Darauf basiert ihr Erfolg.

Selbst die nichtigste Existenz wird durch das Posten bei Instagram und das Daumen-hoch-Klicken bei Facebook zur bedeutenden gesellschaftlichen Instanz. Und Bedeutung zu erlangen ist das oberste Ziel der menschlichen Psyche.

BEDEUTUNG

Bedeutung ist alles! Ohne sie ist der Mensch nicht mehr als ein Zellhaufen. Bedeutung ist es, was den Menschen von niederen Wesen wie anderen Menschen unterscheidet.

117

Eine Stubenfliege kommt gänzlich ohne Bedeutung aus und ist insofern dem Menschen überlegen. Sie erkennt ihr individuelles Dasein als Sinn an sich an, hinterfragt es nicht weiter und schwirrt vor sich hin. Eine Stubenfliege lebt also genau in dem Zustand, den der Buddhist als Erleuchtung bezeichnet. Diesen Zustand erreicht aber selbst ein buddhistischer Mönch niemals. Er zieht das Gefühl der eigenen Bedeutung aus seinem Willen zur Bescheidenheit.

Bedeutung haben zu wollen ist ein Grundbedürfnis des Menschen. Sobald die körperlichen Begehren gestillt sind, versucht der Homo sapiens seinem Leben Wichtigkeit zu geben, also Loungezugang zu erhalten, die Karre auf dem VIP-Parkplatz abzustellen oder ein Champagnerglas in die Luft zu recken. Manchmal versucht er aber auch, die eigene Bedeutung zu steigern, indem er sich der Wichtigtuerei scheinbar verweigert – und sich genau dadurch wichtigtut.

Dann zieht er sich ins Kloster zurück, um ein Leben in Askese zu führen. Er versucht ein selbstloser Wohltäter zu sein. Er wird Veganer. Oder er sprengt sich in die Luft, weil er meint, der gütige, liebende Gott will es so. Auch scheinbare Selbstlosigkeit dient dem Bedürfnis der Selbststilisierung und ist damit alles andere als selbstlos.

Bedeutung zu erlangen ist das, was den Menschen antreibt. Wenn alles da ist, was er zum bloßen Überleben braucht, also Essen, Dusche und schnelles Internet, beginnt er, die Selbstglorifizierung einzuleiten und sich selbst und andere davon

118

zu überzeugen, dass das, was man ist, was man hat und was man ausstrahlt, exakt gut und richtig ist – oder dass andere Schuld haben, wenn es nicht so ist. Das ist nicht zu kritisieren. So ist die Natur des Menschen.

Bei der Betrachtung anderer ist er allerdings nicht so gnädig: Wer mehr hat oder anstrebt, gilt ihm als gierig und überehrgeizig. Wer sich mit weniger zufrieden gibt, ist für ihn ein Loser, den man bemitleiden darf. Schon das Mitleid aber dient wieder ausschließlich dazu, sich selbst überlegen zu fühlen.

Der Mensch liebt das Gefühl, dass sein Leben und Denken genau richtig ist! Er hält sich für besser als den Chef und ist selbst nur nie in der Führungsetage angekommen, weil seine Fähigkeiten unterschätzt werden. Dann schüttelt er den Kopf, fasst es nicht und sagt Sätze wie: »Die Dummheit der Menschen ist grenzenlos!« Natürlich nur die der anderen.

Um zu ermessen, wie groß der Wille des Menschen zur Selbstüberschätzung ist, muss man sich vor Augen führen, dass der Homo sapiens jederzeit in der Lage ist, ein primitives, schlecht begründetes Laienurteil über das von ausgewiesenen Experten zu stellen. Er weiß immer besser Bescheid als der Bundestrainer, Berufspolitiker oder Wissenschaftler.

Eine der größten Fähigkeiten des Menschen ist aber seine Bereitschaft, Wichtigkeit und Kompetenz nicht nur anderen vorzugaukeln, sondern auch sich selbst. Er ist das einzige Wesen auf diesem Planeten, das dazu in der Lage ist, seinen eigenen Lügen zu glauben. Erstaunlich!

119

DER MENSCH
UND SEIN DENKEN

Die Fähigkeit zum Selbstbetrug ist die vielleicht größte Herausforderung, die der Mensch auf seinem evolutionären Weg der Humanisierung meistern musste. Um sich selbst über die eigene Nichtigkeit täuschen zu können, bedarf es eines komplizierten Apparates zur Persönlichkeitsentfaltung, primitiv und komplex in einem: die menschliche Biologie!

Alles arbeitet zusammen, Leber und Füße, Hirn und Dickdarm. Oft kommt all dies durcheinander. Dann fällt man auf die Schnauze oder bestellt ein Abonnement, das man nie wollte.

Der Mensch ist keine Einheit. Er besteht aus »Es«, »Über-Ich« und »Wegen mir«, aus »Mach ich morgen« und »Will ich sofort«, aus Hirnstrom und Seele, Geist und Flüssigkeit.

Bei der Geburt besteht der Mensch noch zu ungefähr 87 Prozent aus Wasser. Dann sinkt der flüssige Anteil auf um die 70 Prozent, also etwa 70 Liter auf 100 Kilo. Das ist zu viel bei einer Körpergröße von 1,58 Meter! Aber zu wenig bei 2,68 Meter. Im Alter sinkt dann der Wassergehalt endgültig auf rund die Hälfte des Körpergewichtes, der Rest ist Gewusel, dies und das. Der Mensch beginnt, einer Dörrpflaume zu ähneln, hört schlecht und ruft bei jeder Gelegenheit nach dem Pfleger. Sein »Ich« zerfällt in ein »Er«, ein »Es«, ein »Was!« und ein »Wo?«. Es bröselt. Aber er hat immer noch ein »Ich«, das

120

nun aber kein Gefäß mehr ist, sondern eine auf dem Boden zersplitterte Vase.

Wir sind Wille und Bewusstsein, Vergangenheit und Gegenwart, Triebe, Gewissen, Gemüt und Schleim. Der Rest sind Fehlfunktionen.

Der Mensch ist eine multiple Persönlichkeit. Während der wesentliche Teil von uns weiß, wie man mit Messer und Gabel umgeht, müssen wir im Unterbewusstsein immer gegen jene Kräfte ankämpfen, die uns mit den Fingern ins Buffet fassen lassen wollen. Wenn das Über-Ich die Kontrolle verliert, machen viele sogar Pipi in den Vorgarten. Das tut man nicht!

Das Ich, das am Ende die Verantwortung trägt, ist im Grunde ein Team. Einerseits ist es das biologische Sein, die Physis: Drüsen spucken übelriechende Flüssigkeiten in Kopf, Hodensack, Eierstock und Rückenmark, nebenher noch in den Magen und, wenn es schlecht läuft, auch in die Hose. Die Milz ist auch nicht so nutzlos, wie man jahrzehntelang gedacht hat. Selbst der Blinddarm darf drinbleiben, wenn er keinen Ärger macht.

Der Rest ist Geist. Woraus dieser Geist genau besteht und ob er überhaupt zwingend vorhanden sein muss, ist umstritten. Viele, gerade auch Hirnforscher, halten ihn für eine Funktion des Gehirns. Andere sagen, er sei uns von Gott gegeben. Wieder andere behaupten, dass Gott nur existiert, weil unser Geist ihn erfunden hat, und dass unser Gehirn ebenfalls nur eine Erfindung unserer Seele ist, um eine Schnittstelle in eine fiktive physikalische Welt vorzugaukeln. Andere machen uns glauben, dass **121** der Geist nur ab und zu einmal reinschaut, wenn irgendetwas geraucht wurde, das verboten ist.

Solange man nicht weiß, was dieser Geist genau ist, sollten wir uns mit praktischen Definitionen begnügen. Er ist da. Er belästigt uns durch häufiges Nachfragen. Er versorgt uns mit Erkenntnis und mit schlechter Laune. Und er verlangt nach Alkohol.

Tatsache ist: Das »Ich«, die Seele, ein vom Körper möglicherweise sogar unabhängiger Geist existiert. Wir haben zumindest keine andere Erklärung für das, was wir »denken« nennen oder sogar »Seele«. Was natürlich häufig übertrieben ist.

Wie kann so etwas Geistiges wie »denken« aus etwas Materiellem entstehen? Aus einem physischen Organ? Und wieso nur aus dem Hirn? Wieso nicht aus der Leber? Wenn Menschen mit der Leber denken könnten, würde das einiges erklären. Und wahrscheinlich würden sie dann auch weniger saufen.

Viele Menschen denken sogar mit dem Darm. Das kommt uns nicht nur so vor! Wissenschaftler haben dies zweifelsfrei belegt! Haufenweise Bakterien nehmen unser Hirn als Geisel und steuern unser Verhalten. Wir sind weit mehr als ein konsistentes Ich. Jeder Mensch ist eine riesige Wohngemeinschaft aus Milliarden von Teilnehmern, die einzeln unfassbar dämlich sind, im Kollektiv aber einigermaßen schlüssig handeln.

Im Hirn läuft alles zusammen. Dort denken wir. Denken wir. Und das ist das Problem. Denkt das Hirn, dass es denkt? Oder denkt das Denken, dass es aus dem Hirn kommt? Vielleicht ist an dieser Stelle wieder ein guter Ratschlag angebracht:

ZU VIEL DENKEN SCHADET NUR!

Aber auch:

DENKE MIT ALLEM, WAS DU HAST!

Sicher ist: Wenn das Hirn aussetzt, ist es mit dem Denken vorbei. Das heißt aber nicht, dass keine Gedanken mehr da wären oder dass das Denken vom Hirn gemacht würde. Es beweist nur, dass wir ein Hirn brauchen, damit unser Geist in die physische Welt unseres Ichs gelangen kann.

Ob der Geist auch ohne Körper existent ist, wissen wir nicht. Wir werden es auch nie erfahren, denn wenn wir unseren Körper verlassen, um nachzuschauen, ist er tot. Dann haben wir die Frage wahrscheinlich vergessen.

Was wir wissen, ist: Manchmal bevölkern sogar mehrere Geister einen einzigen Körper. Wir nennen das »gespaltene Persönlichkeit«. Leider gibt es bisher keine Möglichkeit, die verschieden »Ichs« wieder auf mehrere Körper zu verteilen, weil es an Körpern ohne Persönlichkeit mangelt. Das mag auf den ersten Blick überraschend erscheinen, aber selbst ein extrem dummer Geist besetzt einen ganzen Menschen.

Natürlich kennen wir alle irgendwelche Personen, die nur über eine kaum nennenswerte Persönlichkeit verfügen. Sie haben aber eine. Sie ist bloß kaum spürbar, wie bei Nagetieren, die fiepen, wenn man mit Futter in der Tür steht. Ansonsten wissen sie nichts, außer vielleicht, wo der Kühlschrank steht. Aber sie sind Individuen.

123

Auch wenn uns scheint, dass ein Körper ohne Denken ist, so ist doch ein Restglimmen spürbar, wir wissen das von den Protagonisten aus *Frauentausch*, die sich damit der Hirnforschung verdient gemacht haben. Selbst bei diesen Wesen im Grenzbereich des Humanen blieb bei der Untersuchung mit wirklich leistungsfähigen Detektoren eine Spur von denkendem Sein messbar.

Die Dummheit kann noch so groß sein, das Hirn ist immer noch in der Lage, eine Schnute zu ziehen, ein Selfie zu machen, zu posten und zu sagen: »Hier bin ich! Nehmt mich!« Oder wie es der bekannte Plattenaufleger David Guetta formuliert hat: »Fuck me, I'm famous!«

Denken ist mehr als nur eine Funktion des Gehirns. Sonst wäre die ganze Welt nur eine Kette chemisch-physikalischer Reaktionen. Wahlen wären dann ebenso sinnlos wie Diskussionen oder Duschen. Wir wären Reiz-Reaktionsmaschinen. Das sind wir offensichtlich nicht.

Tatsache ist: Wir tragen Verantwortung! Wir können uns entscheiden! Und diese Entscheidung ist frei. Natürlich wird sie von Dopamin und Serotonin beeinflusst. Aber auch vom Wetter, von Hormonen, dem Mond, Hühneraugen, Tabletten, Nachbarn, Ärzten, Alkohol, dem Medienkonsum, der Mode und den Eltern.

Wir sind zu vielschichtigen Entscheidungen in der Lage, nach denen wir dann beurteilt werden, auch wenn diese Entscheidungen auf mangelnder Kenntnis oder zu viel Schnaps beruhen.

124 Nur die Annahme, dass das Individuum frei

auf Basis seiner Persönlichkeit denkt und entscheidet, ermöglicht, dass wir Menschen beurteilen
können und unterscheiden dürfen in »gut« oder
»schlecht«. Es macht für uns einen Unterschied, ob
jemand als Krankenpfleger seine Zeit verbringt oder
als Kinderschänder. Das ist richtig.

DU BIST GUT!

Wir können uns entscheiden: Wollen wir zu den
Guten gehören, den Blonden mit der angenehmen
Stimme, dem anmutigen Habitus und der hellen
Kleidung, oder zu den Bösen mit den schwarzen
Haaren, die immer nur krächzen, einen Buckel haben
wie Quasimodo und beim Sprechen derart speicheln,
dass die Menschen im Umkreis von fünf Metern die
Regenschirme aufspannen.

Natürlich gehören wir zu den Guten! Du und ich!
Wir sind im Flow, du im Lesen, ich im Schreiben.
Natürlich auch, weil wir privilegiert sind! Wir sind
jung, schön, schlank, hoch angesehen. Natürlich
trifft das nicht auf uns alle zu. Auf mich schon gar
nicht! Aber wir sollten nie aufhören, Kinder zu sein,
zu träumen, Illusionen zu haben.

Ich beispielsweise bin alt, versuche dies aber mit
den überkommenen Mitteln der Kosmetik zu ka-
schieren, mit anderen Worten: Ich wasche mich und
haue dann pfundweise Creme drauf, damit der Lack
nicht blättert. Mehr kann man nicht tun.
Beziehungsweise: Natürlich wäre es auch **125**

möglich, operativ tätig zu werden, aber was vielen nicht bewusst ist: Man wird dadurch nicht jünger. Natürlich senken neu eingesetzte Einzelteile das Durchschnittsalter des Gesamten. Aber was nützt ein neuer Kopf, wenn die Organe über den Boden schleifen?

Natürlich sollten Menschen nicht aufgrund von Rasse, Religion oder Gender benachteiligt werden dürfen. Das ist richtig und gut so. Aber was ist mit den Alten? Auch sie sind unterprivilegiert gegenüber dem jüngeren Kroppzeug, das sich bedenkenlos dem Spaß, der Fortpflanzung und der Ekstase hingibt, während die Alten schon froh sind, wenn ihnen die Jugend nicht noch die letzten Fünf-Euro-Scheine aus dem Portemonnaie zieht!

Ältere sind in jeglicher Hinsicht im Nachteil. Sie sterben früher! Menschen über 100 haben eine durchschnittliche Lebenserwartung von etwa minus zehn. Sie werden scheel angeguckt, weil irgendjemand in der Statistik mit 70 sterben musste, damit sie ihr hohes Alter erreichen konnten. Na und! Wer das Sterben lange herauszögert, hat alles richtig gemacht.

Überleben ist der oberste Sinn des Daseins. Auf das Ableben zu verzichten ist deshalb immer eine gute Idee. Wenn du das hier liest, bist du auf der Seite derer, die es geschafft haben. Du bist ein Gewinner!

Das Spermium, das dich gezeugt hat, war das schnellste unter Millionen: Du hast dich in die Eizelle gebohrt und deinen Platz verteidigt, gratuliere!

Es ist nun erst mal zweitrangig, was aus dir geworden ist. In erster Linie bist du Sieger! Wenn du dünn bist, hast du dich wahrscheinlich gesund ernährt. Du bist fit. Wenn du aber dick bist, hast du Freude gehabt. Noch den dritten Nachtisch zu schaffen ist auch eine Frage des Willens! Andere erbrechen sich vielleicht schon nach dem zweiten Tiramisu, weil sie bereits die Pizza nach der Vorspeisenplatte nicht mehr richtig verdaut bekommen haben. Du aber hast durchgehalten, du kannst stolz sein!

Wenn du aber nicht mehr dick sein möchtest, gibt es eine einfache Möglichkeit, deinen Traum wahr werden zu lassen. Dicke haben nämlich, im Gegensatz zu Alten oder Hässlichen, eine profunde Möglichkeit, ihren Zustand zu verändern: Sie können abnehmen. Natürlich ist das nicht einfach. Aber es geht! Gute Beispiele zeigen, dass es möglich ist.

Natürlich ist es für dicke Leute erheblich schwieriger, ihren Zustand zu verändern, als für Dünne. Dicke müssen verzichten, während Dünne, wenn sie dick werden wollen, einfach das tun müssen, was die Dicken bereits hinter sich haben: alles in sich hineinstopfen.

Viele wissen nicht, dass auch Dicksein erheblichen Aufwand erfordert. Ständig muss man Nahrung aufnehmen, sonst baut sich die Fettschicht ab. Viele sagen, dass Dicksein genetische Ursachen habe, aber das ist so nicht richtig. Es geht nicht ohne Kalorienzufuhr. Der Körper kann nur das auf die Hüfte packen, was ihm oben zugeführt wurde.

Natürlich gibt es auch erbliche Komponenten. Kinder, deren Eltern zu 98 Prozent aus **127**

Bauch bestehen, leben mit der erheblichen Wahrscheinlichkeit, dass sie selber dick werden. Das liegt aber nicht daran, dass sich in der Familie das Fett aus dem Nichts materialisieren würde. Es ist bloß so, dass solche Kinder frühzeitig lernen, dass die unbegrenzte Zufuhr von Kalorien Belohnungszentren im Gehirn aktiviert und dadurch Freude macht.

So wie man auch im Tennis als Erwachsener besser ist, wenn man früh damit angefangen hat, so wird man auch als Dicker erfolgreicher sein, wenn man sich schon im Vorschulalter hauptsächlich von Cola und Fertigmahlzeiten ernährt.

Der Dünne lernt, dass es bei der Nahrungsaufnahme nicht um die Zuführung möglichst großer Mengen geht. Er kommt mehrere Minuten ohne Nuckeln, Schlürfen oder Kauen aus. Weil er schlank ist, neigt der Dünne zur Bewegung, schon weil es ihm leichtfällt. Das verbraucht wiederum Kalorien und hindert den Dünnen auch in der Folgezeit an einer Karriere als Kugel. Es stimmt einfach nicht, was oft behauptet wird, nämlich, dass man von allein dick wird. Es erfordert konsequentes Durchhalten!

Wer dünn ist, hat oben einfach nicht genügend Energie zugeführt. Die Schilddrüse allein kann das nicht leisten!

WENN DU DICK SEIN WILLST, ISS!
WENN DU DÜNN SEIN WILLST, LASS ES.

Am Ende ist alles eine Frage der Disziplin.

POSITIV DENKEN! DRANBLEIBEN!

● BADULLA // SRI LANKA ●

Kennt irgendjemand diesen Mann? Es handelt sich
mit Sicherheit um einen ganz besonderen Zeitgenossen, denn nicht vielen wird das Privileg zuteil,
in einem Bilderrahmen fixiert eine Bushaltestelle
zu zieren. Vielleicht hat er eine Jungfrau vor einem
Drachen gerettet oder mit bloßen Händen gegen
die Pisematunken obsiegt. Wahrscheinlich hat er
aber einfach einen örtlichen Verwaltungsbeamten
bestochen und dann das Zeitliche gesegnet.
In jedem Fall ist sein gerahmtes Bildnis an dieser
Stelle ein Objekt der Dankbarkeit.

Das gilt für alle Lebensbereiche. Willst du dir einen Traum erfüllen? Wünschst du dir eine andere Work-Life-Balance? Arbeite daran! Du bist gut, du schaffst das! Vielleicht war es nicht die beste Idee, Dachdecker zu werden, wenn du eine Sonnenallergie und Höhenangst hast. Aber es gibt nichts, was man nicht noch ändern könnte, wenn man nicht gerade mit 55 versucht, von Beton- auf Geigenbauer umzuschulen. Oder umgekehrt.

In vielen Berufen wird der Fachkräftemangel dazu führen, dass sich die Arbeitsbedingungen verbessern. Wenn Handwerker selten werden, wird man sie motivieren müssen, überhaupt zu kommen. Sie haben alle Trümpfe in der Hand. Bei schönem Wetter geht man als Dachdecker lieber an den Baggersee. Man kann trotzdem eine Teilvorauszahlung verlangen. Sonst wird das auch im Winter nichts …

Die Work-Life-Balance wird sich verbessern. Wir leben nicht mehr im 19. Jahrhundert, als man 14 Stunden am Tag im Schacht schippte, um sich anschließend nach langem Fußweg im Zwölfbettzimmer schlafend von der Arbeitsqual zu erholen, ohne Urlaub, Krankenversicherung oder Bluetooth-Kopfhörer, nur um kurz nach dem Aufwachen wieder unter Tage zu fahren und weiterzuhämmern.

Bald werden viele Menschen das Gefühl haben, während der Arbeitszeit weiterzuleben, selbst an Orten, die früher als lebensfeindlich galten, zum Beispiel Banken, Versicherungen, Grundschulen.

130 Die Komiker werden die Schreiner beneiden. Ein bisschen messen, sägen, lackieren, am

Nachmittag ein Geldbad im Tresor. Dann liegen. Die Angestellten wedeln mit dem Palmzweig Frischluft zu. Dann mit der Sänfte ab ins Bett. Wird es so werden?

GOTT

Wenn die Menschen in Zukunft mehr Freizeit haben werden, wird das Nachdenken über den Lebenssinn zu einer ihrer wichtigsten Beschäftigungen. Wenn Leben mehr als Schuften ist, stellt sich die Frage nach dem »Warum«. Ich gehe davon aus, dass das Leben einen über das bloße physikalische Dasein hinausgehenden Sinn hat.

Vielleicht fragst du jetzt: »Ein Sinn? Wie kommst du darauf?« Ich glaube an einen Sinn, weil das Universum existiert, ein ziemlich komplexes Gebilde, dessen Dasein so überraschend ist, dass man sicher sein kann: Es ist nicht aus Versehen oder einfach so entstanden.

Da etwas Physikalisches nicht aus dem Nichts entstehen kann, muss es von etwas kommen, das außerhalb der Physik existiert. Dies ist – ganz nebenbei gesagt bin ich ein bisschen stolz darauf! – ein veritabler Gottesbeweis.

Denn davon ausgehend, dass sich eine außerphysikalische Kraft in Wesen und Beschaffenheit unserer Kenntnis entzieht und wir sie deshalb mit dem Hilfsbegriff »Gott« versehen, erschließt sich daraus logisch: Gott existiert!

Unwahrscheinlich ist, dass er einen Bart hat und sich in seiner Freizeit damit beschäftigt, ob jemand Religionskriege führt, unverheiratet Sex hat oder alkoholische Getränke beziehungsweise Schweineschnitzel zu sich nimmt. Er hat ja wahrscheinlich gerade deshalb ein ganzes Universum erschaffen, weil er sich eben nicht mit jedem kleinen Mist irgendwo im peripheren Bereich einer nichtigen Galaxie beschäftigen muss. Wahrscheinlich erinnert er sich gar nicht mehr an uns.

Den Lebenssinn von Gott abzuleiten ist deshalb ausgesprochen heikel. Man weiß weder, was er möchte, noch womit man ihm eine Freude machen könnte. Den Gedanken, dass wir im Zentrum seiner Schöpfung stehen, muss man leider, auf Basis unseres bisher entwickelten bescheidenen Weltwissens, als Irrsinn bezeichnen. Und da er sich nicht meldet, ist auch fast mit Sicherheit auszuschließen, dass es ihn wirklich interessiert. Wenn er einen Willen hat, dann wird dessen Wesen unser geistiges Fassungsvermögen erheblich überschreiten.

Wir können Gott nicht erkennen. Sicher gibt es Menschen, die behaupten, mit ihm gesprochen zu haben, die glauben, er habe ihnen geholfen oder aus der Ferne gewinkt, andere prahlen mit Geschichten von Jenseitserfahrungen, mit Storys aus dem Transzendenten, wo es Engel gibt, aber niemals Hautausschlag. Diese Geschichten sind natürlich allesamt Quatsch!

Oft wird hier auf Dehydrierung basierende geistige Verwirrung verwechselt mit göttlicher Eingebung. Dann berichten die Gestörten von früheren Existenzen, die sie sich im Zustand der geistigen Verwirrtheit selbst herbeihalluziniert haben. Die Schleife im eigenen Hirn gilt dann als Beweis einer äußeren Erfahrung. Es ist für jeden klaren Denker logisch ersichtlich: Das ist Unsinn! Der Glaube an die eigene Gotteserfahrung beruht auf der Kraft des Selbstbetruges.

Wir können das Göttliche nicht erkennen. Das Einzige, was wir tun können, ist:

WERDE EINS MIT DEM LEBEN!
GENIEßE DEIN DASEIN!

Ekstase ist möglich! Oder wenigstens ein paar kurze Glücksgefühle im Angesicht eines direkt verwandelten Freistoßes.

Fragen wir uns also: Was hindert uns am vollkommenen Glück? Nicht selten ist es nur die Selbsterkenntnis. Man schaut in den Spiegel und denkt: »Ei!« Warum Menschen an dieser Stelle an Hühnerprodukte denken, ist psychologisch ungeklärt. Aber es ist so.

LEBENS-ERFAHRUNG

Hast du bis hierher auch schon das Gefühl, dass dieses Buch dein Leben ändert? Nicht? Dann bist du normal. Eine Persönlichkeit, die sich aufgrund von ein paar gelesenen Buchseiten verändert, scheint mir nicht wirklich gefestigt zu sein. Es **133** spricht also absolut für dich, wenn du gerade im Moment das Gefühl hast, dass Lesen allein dich nicht weiterbringt.

Vielleicht solltest du zwischendurch auch einmal etwas anderes tun? Schlafen? Saufen? Sex? Du könntest einen Marathon laufen. Oder wenigstens die Strecke mit dem Auto abfahren. Einfach nur, um auf andere Gedanken zu kommen.

Dir kommen beim Sex keine anderen Gedanken, weil du ohnehin immer an Sex denkst? Auch gut. Dann repariere den Gartenzaun! Bring den Wagen zum TÜV! Putze das Treppenhaus! Wenn du dann immer noch an Sex denkst, solltest du professionelle Hilfe in Anspruch nehmen. Du kannst dieses Buch im Wartezimmer weiterlesen. Das ist besser als der *Stern* von 2014.

TU ETWAS!

Was, das ist deine Sache. Woher soll ich wissen, was du brauchst? Fang endlich selber an, über Lösungen nachzudenken! Alles, was du tust, wird dich verändern, schon weil es uns nicht gegeben ist, zu bleiben, wie wir sind. Mit jedem Moment altern wir, unsere Fußnägel wachsen, ebenso die Prostata, vor allem bei Männern.

Wir blicken auf die Welt und lernen aus Erfahrung, indem wir Informationen anhäufen. Vorsicht! Oft entstehen subjektive Zerrbilder und Vorurteile, weil wir unsere eigenen Beobachtungen verallgemeinern. Nicht aus jedem tiefergelegten 3er-BMW schallt Rapmusik. Aber wenn wir die ersten Takte aus der Ferne hören, wundern wir uns

134

nicht, wenn schon bald ein Fahrer mit Migrationshintergrund mit 80 an uns vorbeirast. Das ist kein
Rassismus! Es ist Erfahrung.

Rassismus ist, wenn man glaubt, dass die Bevor-
zugung eines Autotyps volksgenetische Ursachen
hat. Kein Rassismus ist es, im Angesicht des rasen-
den, südländisch anmutenden Hip-Hoppers zu denken: »So was habe ich doch schon mal gesehen!«
Einen Topos zu erkennen ist eine wichtige Fähigkeit
des Menschen und kein Vorurteil. Das sind feine Unterschiede.

Schön ist es, wenn die Erfahrungen im Laufe des
Lebens dazu führen, differenzierter auf die Welt zu
blicken, die eigenen Vorurteile zu durchschauen und
ab und zu zu sagen: »In der Karre hätte ich niemals
einen Japaner vermutet – mein Fehler!«

Wenn man keinen Weichkäse in der Birne hat,
stellt man mit wachsender Lebensweisheit immer
öfter den eigenen Lebenssinn infrage. Man überprüft
Normen und Moral, ja, das gesamte Weltempfinden
kommt auf den Prüfstand.

Wir fragen uns: Was wollen wir eigentlich von
diesem Leben? Diese Frage kann man nicht früh genug stellen! Früher fragte man sich oft erst in den
letzten fünf Minuten des Daseins, was man aus
seinem Leben gemacht hat. Nicht ganz selten musste man dann feststellen, dass es besser gewesen
wäre, man wäre bereits gestorben, bevor einem die
Antwort bewusst wird. Man blickte zurück auf leere
Jahre: Wenige selbst aufgehängte Lampen, regel-
mäßige Reisen in den Hunsrück, ein paar Ma-
kramee-Eulen, das war's!

135

Heute gibt es natürlich ganz andere Möglichkeiten. Aber man muss auch im digitalen Zeitalter leider feststellen, dass das physische Dasein immer noch mühsam ist. Allein, dass es in der realen Welt keine Löschtaste gibt, keinen Menübefehl »Bearbeiten, Rückgängig«!

Wie oft würde man gerne etwas ungeschehen machen, zum Beispiel wenn man über jemanden geredet hat, der hinter einem steht. Es war vielleicht nicht einmal falsch, was du gesagt hast, aber du warst davon ausgegangen, der Abteilungsleiter würde niemals erfahren, wie du über ihn denkst. Vor allem nicht von dir.

Wer würde nicht gerne ab und zu noch einmal von vorn anfangen, delete, alles auf null? Was würde man nicht alles anders machen? Man würde statt auf Lehramt zu studieren, Latein und Religion, mit dem Zirkus auf Reisen gehen, mit jungen Menschen, die beim Aufbau helfen, Persönlichkeiten, die vielleicht keine Zähne haben, aber viel Optimismus und schon morgens eine Schnapsfahne. Herrlich! Man sollte sich viel öfter einmal gehen lassen!

Wenn man mehrere Versuche hätte, hätte sich das Leben wahrscheinlich ganz anders gewendet. Vielleicht hättest du eine völlig andere Berufung gefunden, vielleicht auch verbunden mit Mühsal und Belastung, aber auch voller Bestätigung, Zuneigung und Liebe. Vielleicht wärst du Popstar, Profifußballer oder Pornodarsteller. Wer weiß?

Wir, die wir mit harter Arbeit unser Leben fristen als Ökotrophologen, Pilzsammler oder Komiker, spüren die Unkorrigierbarkeit unserer Lebensentscheidungen als Last und entwickeln ein Bedürfnis nach größerer Leichtigkeit.

Ich will fliegen! Wie man es mir versprochen hat, als ich ein Kind war, als man mir sagte, dass wir in ferner Zukunft, also im Jahr 2000, wenn wir groß sein würden, mit Düsenrucksäckchen in Schallgeschwindigkeit durch unsere Städte fliegen würden. Stattdessen stehen wir am Bahnhof, und nichts bewegt sich, wegen einer Weichenstörung am Stellwerk Oberhausen. Warten wir nicht länger! Brechen wir auf! Es gibt ein Leben hinter den Gleisen. Sogar hinter Datteln oder Waltrop!

Was müssen wir tun? Ich werde es dir sagen, auf den folgenden Seiten, weiter hinten, nicht sofort, sondern auf leisen Sohlen, schleichend. Wenn wir dieses Buch gemeinsam komplett durchgegangen sind, bist du einen ganzen Schritt weiter. Dann weißt du im Großen und Ganzen Bescheid, aber auch im Kleinen, im Detail. Du weißt, dass ein anständiges Deodorant hilft, aber nicht den Duschgang ersetzt. Du wirst begreifen, dass Alkohol vielleicht keine Lösung ist, aber viele Probleme einfacher erscheinen lässt. Und du wirst auch verstehen, dass es oft die einfachen Dinge sind, die sich anhäufen und sich dadurch irgendwann wie ein unüberwindlicher Berg auftürmen: Klimawandel, Blattläuse und flackernde LED-Leuchten, die nur in den seltensten Fällen die 50 000 Betriebsstunden überstehen, die uns im Laden von kriminellen Verkäufern versprochen wurden.

Du wirst erkennen, dass es nicht der Flüchtling, der Reiche oder Donald Trump ist, der dir das Leben zur Hölle macht. Du bist es selbst mit **137** deinen Nörgeleien und deiner Gewohnheit, hinter allem Guten noch etwas Besseres zu wittern, das dir unrechtmäßig verweigert wurde.

Vergiss das alles!

MACH DICH LOCKER!

OPTIMIERUNG

Wir sind nie zufrieden. Gerade hat man sich einen UHD-Fernseher gekauft, da wird der neue Standard UXHYZD-Super69K entwickelt, der aus einem gruseligen Schwarz-Weiß-Bild eine fantastische 3-D-Performance zaubert, mit dem man *Männer ohne Nerven* holografisch erleben kann. Alles kann noch so gut sein, es kommt etwas Besseres, und zwar genau in dem Moment, in dem man die alte Kiste abbezahlt hat.

Man sagt: Das Bessere ist der Feind des Guten. Das mag richtig sein. Aber es stimmt auch: Das Bessere geht auf die Nerven, wenn es den Spaß am gerade angeschafften Guten zerstört. Verdammt noch mal!

Es geht immer besser. Irgendjemand wird immer etwas finden, was den gerade herrschenden Superlativ-Standard verdoppelt. Bald wird jemand den ersten Trüffel-Sushi-Pizza-Curry-Poke-Bowl mit Sojasoße und Kaviar vom Lappland-Rentier anbieten. Und wenn du gerade auf dem letzten Korianderblättchen kaust, wird jemand die Version 2.0 für die Hälfte launchen. Mit Quinoa.

Vielleicht wirst du der Erste sein, der die 100 Meter unter neun Sekunden läuft, aufgrund einer genetischen Mutation, die dazu geführt hat, dass deine Beine 168 Zentimeter lang sind und federförmig. Du hast hart gearbeitet, mit einem innovativen Ernährungs- und Trainingskonzept und einer Zeitmessung, die zu einer Raum-Zeit-Stauchung führt, was noch mal mindestens 15 Hundertstelsekunden bringt. Das ist bewundernswert. Aber irgendwann wird jemand kommen, der das Ganze optimiert und unterbietet.

Es gibt nichts, was nicht noch irgendwie verbessert werden könnte. Denn wir sind nie zufrieden. Dann versuchen wir etwas Neues zu starten, um uns zu »verwirklichen«. Hier kommt eine wichtige Nachricht für alle, die meinen, sich noch »verwirklichen« zu müssen: Ihr habt das Prinzip der »Wirklichkeit« nicht verstanden!

KEIN MENSCH KANN SICH »VERWIRKLICHEN«. ENTWEDER ER IST DA, DANN IST ER BEREITS »WIRKLICH«. ODER ES GIBT IHN NICHT.

Dann gibt es auch nichts, wodurch er sich »verwirklichen« könnte.

Kein Mensch wird wirklich, weil er einen Häkel-Blog startet. Oder einen innovativen Cupcake-Self-Service, in dem es zur Mittagszeit auch Sashimi und Frozen Yogurt gibt.

Ja, wir sollten das Beste aus uns herausholen. Aber wir sollten auch akzeptieren, wenn die Situation eintritt, in der man feststellen muss: Mehr ist nicht drin. Auch wenn es dein großer Traum war: Du wirst niemals ein Harfenist, wenn du taub bist und dich eine üble Harfenallergie plagt.

MAN MUSS AUCH MANCHMAL SAGEN KÖNNEN: VERGISS ES!

Es hat keinen Sinn, sich jedes Mal zu ärgern, wenn uns eine Grenze den Weg zur Verbesserung versperrt. Sich dem Optimierungszwang zu verweigern kann heilsam sein.

Das heißt nicht, dass man nicht versuchen sollte, sich zu steigern! Natürlich können wir immer versuchen, besser zu werden. Aber man muss auch nicht 24 Stunden am Tag im Hamsterrad der Selbstoptimierung verbringen.

Trotzdem sollte man auch immer wieder offen sein für Verbesserungen. Sonst endet man wie mein Vater, für den bereits ein CD-Spieler ein Teufelsding war, das bei der Invasion von der Wega auf die Erde gebracht worden war, benutzbar nur für Außerirdische, so glaubte er, und wunderte sich, dass alle außer ihm das Gerät benutzen konnten. Wahrscheinlich hielt er sich am Ende für den Letzten, der auf diesem Planeten geboren wurde.

DAS NEUE

Meinem Vater war es das Wichtigste im Leben, sich jeglicher Veränderung zu verweigern, denn alles Neue entstand nur aus dem Willen, ihm das Geld aus der Tasche zu ziehen. Und wenn es etwas gab, das für ihn noch wichtiger war, als sich dem Neuen zu verweigern, dann war es, zu verhindern, dass irgendjemand ein Geschäft mit ihm machte.

Ein Stabmixer war für meinen Vater eine Teufelsmaschine, deren Funktion es war, den Menschen in Abhängigkeit von der Industrie zu halten. Jede Kaffeeart, die nicht durch das Gießen von Wasser durch einen Papierfilter entstand, diente der betrügerischen Ausbeutung der Menschheit, der die Industrie ein neues Gerät anzudrehen versuchte. Siebträgermaschinen waren für ihn Instrumente des Irrsinns, erfunden von Handelsvertretern, also Räubern und Betrügern.

Die Erfindung des Flachbildfernsehers war für meinen Vater der verbrecherische Versuch der Konzerne, ihm die Verringerung der Ausdehnung eines Gerätes als zu bezahlenden Vorteil zu verkaufen, mithin also Betrug an den Dummen, die sich so ein Gerät anschafften. Wenn mein Vater einen Computer gekauft hätte, dann nur einen, der ein komplettes Zimmer eingenommen hätte. Er war der Ansicht: Size matters! Natürlich kaufte er keinen. Rechnen konnte er im Kopf, dafür brauchte es seines Erachtens keinen aufwendigen Apparat! Millionen Jahre lang war der Mensch ohne Computer ausgekommen. Warum also ausgerechnet jetzt etwas daran ändern? Zahlen, die zu groß zum Kopfrechnen waren, gab es für ihn nur, um Menschen zu verwirren.

Ihm war alles Neue suspekt. Dass die Erde eine Kugel war, akzeptierte er, fand die Information jedoch überschätzt.

141

Ich habe mich diesbezüglich nicht von ihm anstecken lassen und war Innovationen gegenüber immer aufgeschlossen. Ich wusste: Wenn mein Vater etwas leidenschaftlich ablehnte, konnte es so schlecht nicht sein. Bei allen wesentlichen Lebensentscheidungen habe ich immer meinen Vater konsultiert. Am Ende tat ich dann das exakte Gegenteil von dem, was er mir geraten hatte. Damit bin ich stets gut gefahren!

Wenn man nicht irgendwann aus der Wäsche gucken will wie jemand, der mit einer Zeitkapsel dem Mittelalter entrissen wurde, sollte man sich wenigstens ein bisschen mit den Neuerungen der Zeit befassen. Die Zukunft hält auch Erbauliches für uns bereit! Selbstfahrende Autos, die nicht nur wissen, wo es langgeht, sondern auch wohin man gerade wirklich will. Man gibt ein: zu Mutter. Und das Ding fährt einen ins Kino. Herrlich! Und wenn man es dann tadelt, wird es sagen: »Du freust dich doch auch!« Das ist künstliche Intelligenz.

Die digitalen Assistenten kommen: Maschinen, die einen darüber informieren, dass die Kohlroulade versalzen schmeckt, das Leben sinnlos und die Hämorrhoidensalbe abgelaufen ist. Es wird sein, als wäre man mit der Maschine verheiratet, nur dass sie im Haushalt hilft, weil sie kein Mann ist. Und sie kann sich selbst zerstören, wenn es die nächste Generation zu kaufen gibt.

Irgendwann wird es vielleicht einen Roboter geben, der die Sauna anstellt, sich selber hineinsetzt, einen Aufguss macht, danach duscht und ins Bett geht, ohne einem Bescheid zu geben. Dann wird Technik auch im Alltag nicht mehr störend wirken.

Bis dahin gilt es durchzuhalten und weiterzumachen. Bloß wie? Das klären dann wir im zweiten Buch.

ZWEITES BUCH:

MUSS!

ZWEITER
ANFANG

Worum geht es in diesem Buch? Es will dir helfen! Es ist dein Freund. Es ist auf deiner Seite. Es ist ehrlich und verschweigt nichts. Oder fast nichts. Natürlich erfährt man auf diesen Seiten nichts über die vielfältigen Möglichkeiten der Giralgeldschöpfung, die Physik der Raumzeitkrümmung oder die Geheimprotokolle der Waisen vom Kohlenpott. All diese Themen sind einzeln schon kompliziert genug. Sie zusammen zu behandeln sollte man Experten überlassen.

Dieses Buch will dir stattdessen konkrete Hilfestellung leisten. Es gibt dir nachvollziehbare Ratschläge, die man immer gut gebrauchen kann, Ratschläge wie:

SEI SCHLAU!

Das ist leichter gesagt als getan. Dazu kommt: Wenn man es nicht schon ist, wird man den Ratschlag kaum verstehen. Und wenn man es ist, braucht man ihn nicht.

Dennoch: Nicht ganz doof enden zu wollen ist ein vernünftiger Ehrgeiz. Die Anschaffung dieses Buches war da schon mal ein guter Anfang. Das Überdenken der eigenen Lebenssituation hilft bei der Überwindung scheinbar unüberwindbarer Blockaden.

Dieses Buch versucht, konkrete Lebenshilfe bereitzustellen. Klare Anweisungen, die in jeder Situation helfen, sind zwar oft platt und fragwürdig, aber sie wirken auch aufmunternd. Sätze wie:

WENN DAS LEBEN DIR EINE CHANCE GIBT, BEDENKE: SIE WIRD DIR NUR EINMAL GEWÄHRT. WENN NICHT, DANN ZWEIMAL. ODER ÖFTER! WOHER SOLL ICH WISSEN, WIE OFT? VIELLEICHT KOMMT SIE WIEDER. VIELLEICHT AUCH NICHT.

Natürlich ist das Humbug! Wichtig klingendes Geschwätz. Aber wenn man dann irgendwann wirklich eine Chance hat, wird man sich vielleicht daran erinnern.

Bedenke dann aber auch: Eine Chance ist eine Tür, die du öffnen kannst, aber nicht musst. Eine Tür ist nicht nur zum Öffnen da, manchmal soll sie auch verschließen. Sei auf der Hut, wenn es sich um einen Löwenkäfig handelt. Oder um die Quarantänestation in einem Ebolagebiet. Wenn es die Garderobe von Jennifer Lawrence ist, klopfe vorher an. Alles andere wäre unhöflich.

SEI EHRGEIZIG!

148 Du lebst nur einmal! Diese bahnbrechende Erkenntnis verdanken wir dem zeitgenössischen

Philosophen Drake und seinem Hip-Hop-Song *The Motto* aus dem Jahr 2011. Sie ist quasi die Antithese zur existenzphilosophischen Haltung der Denker von Nintendo, deren Kunstfigur Super Mario über mehrere Leben verfügte und damit auf einen die physische Welt überwindenden Neoplatonismus im Digitalen verwies.

Was will ich damit sagen?

CARPE DIEM!

Auch für dich ist vielleicht mehr vorgesehen, als du bisher erhalten hast. Vielleicht aber auch weniger. Sei also vorsichtig, wenn du etwas forderst! Vielleicht hast du schon weit mehr erhalten, als dir zusteht, bloß weil keiner geschnallt hat, welch geringe Gegenleistung von deiner Seite aus erbracht wurde. Man kann dir am Ende auch etwas wegnehmen.

WAS STEHT DIR ZU?

Jeder will ein Stück vom großen Kuchen. Leider weiß niemand, welcher Kuchen gemeint ist. Das Leben ist keine Torte und Gott kein Konditor. Zumindest war dies bisher nicht Gegenstand der Diskussion in der zeitgenössischen Theologie.

Was steht dir zu? Vielleicht arbeitest du als Vegetarier oder du engagierst dich im karitativen Bereich als Fußpfleger. Möglicherweise hast du damit exakt das erreicht, was deinen Fähigkeiten **149**

● ZÜRICH // SCHWEIZ ●
Manchmal sucht man und sucht man.
Aber da ist einfach nichts. An anderen
Orten findet man vielleicht etwas,
kann aber nichts damit anfangen.
So hat jeder sein Päckchen zu tragen.
Machen wir das Beste daraus.

und Verdiensten entspricht. Oder du verbringst dein Leben seit 14 Jahren in der Einzelzelle einer Justizvollzugsanstalt, weil sich dein Talent im Wesentlichen auf Tätigkeiten beschränkt, die mit den hiesigen Rechtsnormen in Konflikt stehen: Raub, Erpressung oder sogar Steuerhinterziehung.

Vielleicht bist du sogar eine besondere Koryphäe im Rauben, Drohen und Betrügen. Vielleicht bist du also ein außergewöhnlich leistungsfähiger Verbrecher! Aber Leistung ist nicht alles. In einer Marktwirtschaft richtet sich die Belohnung einer Tätigkeit nach Nutzen und Nachfrage. Räuber, Erpresser oder Steuerbetrüger sind hierzulande nicht gesucht.

Vielleicht hättest du besser eine Karriere als Klempner angestrebt. Die sind momentan aufgrund der starken Baukonjunktur schwer zu kriegen. Jetzt ist es zu spät. Lies einfach weiter … Und vor allem:

GIB DIE WAFFEN AN DER TÜRE AB!

Das war ein gut gemeinter Hinweis. Siehst du? Jetzt hast du etwas gelernt! Dieses Buch hält konkrete Grundsätze für dich bereit. Wenn du es ganz bis zum Ende liest, wirst du Dinge fürs Leben lernen, nicht, wie du es aus der Schule kennst, für die Anstalt, den Lehrer und das System, in dem du erst mühsam Fuß fassen konntest. Als Kleinkrimineller. Oder als Klempner.

Du wirst lernen, dass du selbst eine gewisse Mitverantwortung für dein Leben trägst, es also selbst in der Hand hast, es zu ändern oder so zu belassen, wie es ist. Auch Letzteres ist nicht auszuschließen. Viele Menschen wollen ihr Leben **151** nicht ändern. Weil es gut ist, wie es ist! Wenn man von den psychosomatischen Störungen absieht, diesem Zucken, den plötzlichen Wutausbrüchen oder dem Gestank.

WARUM EIN ZWEITES BUCH?

Hätte man das alles nicht einfach Kapitel für Kapitel abarbeiten können? Warum wird dieses Druckwerk unterteilt in ein *Erstes Buch*, ein *Zweites Buch* und weitere. Ich will es dir sagen: Es ist alles zu deinem Besten! Es soll dir gute Laune machen. Es soll dir das Gefühl vermitteln, du hättest beim Kauf eines Buches gleich mehrere zum Preis von einem erworben. Herzlichen Glückwunsch!

Natürlich ist das im Grunde ein Etikettenschwindel. Aber der Mensch will es so. Er will betrogen werden. Auch ich will immer das Gefühl haben, ein gutes Geschäft gemacht zu haben. Dafür zahle ich gerne ein bisschen mehr. Der Mensch kauft lieber eine größere Dose, wenn sie nur wenig mehr kostet, auch wenn in dieser Verpackung weniger enthalten ist.

Das ist gut. Gut betrogen zu werden kann ein großes Vergnügen sein. Man freut sich über das im Preis enthaltene Extra. Auch wenn das Ganze einzeln gekauft vielleicht sogar billiger gewesen wäre. Man darf es nur nicht erfahren. Dann ist man beleidigt, fühlt sich übers Ohr gehauen und für dumm verkauft. Aber merke: Wenn dich jemand für

152

dumm verkauft hat, warst du offenbar dumm genug, um auf ihn reinzufallen.

Es hat also keinen Sinn, sich über den Betrüger zu ärgern. Er hat nur seine Pflicht getan.

Dieses Buch ist wohlgemerkt kein Betrug. Du bekommst jede Menge Buchstaben für exakt den Preis, den diese Menge Buchstaben wert ist. Und wenn du jetzt fragst, an welcher Börse die Preise für Buchstaben festgelegt werden, und das ist exakt die Frage, die man als vernunftbegabter Mensch jetzt stellen sollte, dann wird der Buchstabenmarktkenner darauf hinweisen müssen, dass Schriftzeichen nicht an den Warenterminbörsen gehandelt werden, sondern in Deutschland der Buchpreisbindung unterliegen.

Die Preise von gebundenen Druckerzeugnissen unterliegen nicht der Handelsfreiheit, weil der Gesetzgeber der Meinung war und ist, dass buchgewordene Kultur ein schützenswertes Gut ist. So etwas sollte man nicht den Geschäftemachern überlassen, so die gängige Meinung unter Kulturkennern. Deshalb sind die festgelegten Preise nicht verhandelbar.

Sie werden in einer Höhle irgendwo in den deutschen Mittelgebirgen tief im Tannenwald von der für die Buchpreise zuständigen Bücherhexe, einer circa 600 Jahre alten Frau, die Gutenberg noch persönlich gekannt hat, einem Hutzelweib mit einem Raben auf der Schulter, festgelegt, nachdem sie das Stäbchenorakel befragt hat. So hat man es mir jedenfalls erklärt, als ich herausfinden wollte, wer den Preis für meine Bücher festlegt. Ich kann an der Regelung nichts Schlechtes finden. Man könnte es auch anders regeln. Aber so geht es auch. **153**

BLOGS

Bücher sind gut. Sie sind besser als Blogs. Bloggen kann jeder. Das ist das Prinzip des Bloggings. Man weiß etwas oder glaubt etwas zu wissen oder man hat das Gefühl, dass die Worte wie Haare im Mund sind: Sie müssen raus! Egal was sie sagen oder beschreiben oder ob sie sich einfach nach außen erbrechen.

ALLES MUSS RAUS!

Also startet man einen Blog. Der Blog beschäftigt sich mit nichts. Bullshit. Vielleicht Laufen. Oder Darmverschluss. Häkeln. Jedenfalls mit irgendetwas, mit dem sich die Bloggerin auskennt. Sie häkelt den ganzen Tag. Also schreibt sie einen Häkelblog. Andere gehen arbeiten oder sterben. Sie aber häkelt. Und schreibt darüber.

Deshalb bekommt sie Häkelnadeln umsonst von den großen bedeutenden Häkelkonzernen. Und dann schreibt sie über Güte und Beschaffenheit der Häkelnadeln, über Häkelgarn und die Probleme des Häkelns für Gelenke, Sexualität, Weltwirtschaft, Nachhaltigkeit und Völkerverständigung.

Sie ist Influencerin. Sie ist die bekannteste Bloggerin für Häklerinnen zwischen 64 und 71. Wenn sie irgendwo auftaucht, bilden sich Menschenansammlungen. Und alle zwischen 13 und 63 sowie zwischen 72 und 105 fragen sich: Wer ist das? Menschen, die noch älter sind als 105, fragen sich dage-

154

gen: Wer bin ich? In diesem Alter ist man oft schon ein bisschen durcheinander.

Für einen Blog braucht man keinen Verleger. Das ist ein Vorteil für den Autor, aber ein Nachteil für den Leser. Der Schreiber freut sich darüber, dass ihn niemand fragt, was für einen exorbitanten Fußkäse er da gerade verfasst hat und ob er wirklich glaubt, dass jemand diesen offensichtlich mit dem Silbenschrauber zusammengeklöppelten Dreck lesen möchte. Der Leser aber wird blind und blöd auf der Suche nach vereinzelten lesbaren Absätzen aus der Hölle der Sprachschreiner und Wortdrechsler.

Reiseblogger berichten schlafkrankheitstrunken aus der Schönheit der Sackeifel. Hypochonder schildern ihre eingebildeten Schwellungen. Eltern dokumentieren ihre pädagogische Unfähigkeit. Korinthenkacker mokieren sich über Mangos, die nicht aus der Region kommen, und Erbsenzähler beklagen, dass eine App, die noch vor wenigen Jahren für 99 Cent zu haben war, nun 1,29 Euro kostet, »zu viel, wie ich meine!«. Wie viel würden manche Menschen, unter anderem ich, bezahlen, um all diese Ödnis zu ordnen und all das Geschreibsel zu löschen, was einem das Internet zu jenem Ort überwältigender Belanglosigkeit macht, weil niemand mehr das Wichtige trennt von dem, was über uns hereinbricht als Tsunami aus Silbendurchfall.

Anders ist es mit Büchern. Sie müssen durch das strenge Regiment der Lektoren und Verleger. Menschen, die meinen, genau zu wissen, dass das Wort »Korinthenkacker« auf Seite Dingsbums ersetzt gehört durch das Wort »Kleinkarierte«. **155**

Als Autor gibt man dann entweder nach oder man sagt: »Leckt mich am Arsch, ihr Korinthenkacker! Alles bleibt so, wie ich es geschrieben habe, oder ich lasse das Buch im Eigenverlag bei Amazon erscheinen.« Wenn man dabei extrem entschieden und düster guckt, kann es passieren, dass man sich als Autor durchsetzt. Das muss nicht gut sein für das Buch, aber am Ende ist alles eine Frage der Macht.

GEBEN UND NEHMEN

B ei einem Buch hat man ein Produkt, das in der Regel von dem bezahlt wird, der es nutzt, dem Leser. Blogs aber sind umsonst, so denkt man auf den ersten Blick. Davon ausgehend aber, dass die Kosten des Bloggers, Server-Hosting und Domain, Equipment, Computer, Kamera und Software, irgendwie bezahlt werden müssen, sollte jedem klar sein, dass hier Geld von interessierter Seite kommen muss. Ein Blog finanziert sich in der Regel aus Werbung, durch Sponsoren oder interessierte Unterstützer; er ist ein Sprachrohr für Gleichgesinnte und sollte deshalb wiedergeben, was die Gesinnungsgenossen wünschen, sonst wird die Unterstützung entzogen.

Beschäftigt sich ein Blog beispielsweise mit den Schwerpunkten Fashion, Beauty und Lifestyle, so wird er meist von Kosmetikfirmen bezahlt, ist also keineswegs ein scheinbar objektiver Erfahrungsbericht. Schließlich will man als Schreiberling Eyeliner und Kosmetiktäschchen auch behalten.

Schreibt man einen Umweltblog, sollte man die Tödlichkeit von Glyphosat nicht anzweifeln. Schließlich will man weiter unterstützt werden und nicht im Shitstorm untergehen. Wenn Produkte aus Glyphosatanbau weniger Schadstoffe enthalten, weil der Glyphosatbauer auf andere Herbizide verzichten kann, so gilt dennoch für den Umweltblogger: Glyphosat ist vom Teufel, auch wenn dafür Statistiken verdreht und Wahrheiten verbogen werden müssen. Mit Fakten sollen sich andere herumschlagen, der Blogger schreibt, was seine Gemeinde von ihm erwartet, sonst ist er weg vom Fenster.

Der Blog, der die wunderbaren Skigebiete Nordkoreas preist, wird wahrscheinlich nicht von der Internationalen Gesellschaft für Menschenrechte finanziert.

Bei Büchern sieht das anders aus. Dieser Ratgeber hier beispielsweise ist von großer Objektivität und Unbestechlichkeit. Zwar landet auch hier ein gewisser Obolus aus dem Verkaufspreis beim Autor. Der aber stammt vom Leser und nicht von Seiten interessierter Dritter.

Außerdem ist der Autor dieses Buches hier, der mit mir zufälligerweise identisch ist, über jede finanzielle Beeinflussbarkeit erhaben. Ich kann das beurteilen, denn ich kenne ihn persönlich seit seiner Geburt, und zwar sogar von innen, da ich mich als eine untrennbare Persönlichkeit betrachte, als körperliche und seelische Einheit. Ich brauche keine Kohle, da ich mein Geld in einem Altbau- **157** keller selber drucke und deshalb nur noch zum Vergnügen arbeite, was ich bisher nicht an die große Glocke gehängt habe und in der Folge auch nicht mehr vertiefen möchte. Wie schnell wird eingebrochen! Und ruckzuck ist die Druckerpresse mit den wertvollen 50er-Matritzen weg.

Schon die Römer kannten das Prinzip, wichtige Personen derart mit Geld zu überhäufen, dass sie nicht mehr bestechlich waren; ein profundes Konzept, dass ich gerne für mich in Anspruch nehme, aus rein idealistischen Gründen, versteht sich! Nur so ist gewährleistet, dass alle Ratschläge dieses Buches nur dem Schönen, Wahren und Guten gewidmet sind und nicht dem schnöden Mammon. Und mit dem Kauf dieses Buches haben Sie ganz persönlich dazu beigetragen, diesen Zustand zu zementieren. Sie haben sich verdient gemacht! Seien Sie glücklich deswegen, denn:

GEBEN IST SELIGER DENN NEHMEN!

Also ist das Nehmen ein karitativer Akt, weil man als Nehmer das Geben, das so viel seliger ist, den anderen überlässt.

PRAKTISCHE RATSCHLÄGE

Nun wird es aber Zeit, wieder ein paar praktische Ratschläge zu geben, damit sich die Beschäftigung mit dem, was ratsam ist, nicht zu sehr ins Abstrakte wendet. Hier ein Tipp aus der täglichen Praxis:

VERHÜTUNG DURCH ABKOCHEN DER HODEN IST ZWAR WIRKSAM, ABER SCHMERZHAFT UND BEEINTRÄCHTIGT DAS LUSTEMPFINDEN.

Ich gebe zu, dass sich dieser Ratschlag vordergründig stärker an die männliche Leserschaft richtet, aber in einer verantwortungsvollen Partnerschaft sollte die Familienplanung ein Anliegen aller Beteiligten sein.

Die männlichen Testikel, die sogenannten »Eier«, sind zwar hässlich, aber empfindsam. Ganz nebenbei sind sie wichtig für die Erörterung theologischer Grundfragen. Wer beispielsweise glaubt, dass Gott die Welt so geschaffen hat, wie sie ist, sollte sich den männlichen Hodensack näher anschauen und dann darüber nachdenken, was sich ein Schöpfer dabei gedacht haben könnte. Ist nicht allein die Existenz von Hoden der Beweis dafür, dass Gott kein allmächtiger und guter Schöpfer sein kann? Zumindest wäre er dann ein lausiger Designer.

Natürlich liegt die Schönheit unserer Geschlechtsorgane im Auge des Betrachters, aber es gibt ästhetische Grundgesetze, die uns begründet vor Augen führen: Schön ist anders. Kopfsalatartiges bei den Damen, Krumpeliges bei den Herren, detaillierte Darstellungen müssen hier nicht bemüht werden, um Konsens herzustellen. Das ästhetische Konzept der Alten, die behaupteten, die Natur sei von sich aus schön, konnte nur vor Entstehung der Pornografie erdacht werden.

159

Bevor nun Vorwürfe aufkommen, das Buch würde in Bereiche unterhalb der Gürtellinie abgleiten, eine wichtige Feststellung: Auch die untere Körperhälfte gehört zum Menschen dazu. Es ist also in einem Buch, das der ganzheitlichen Beratung des Menschen gewidmet ist, unabdingbar, auch diese Bereiche miteinzubeziehen und anzusprechen, auch wenn es teilweise auf den ersten Blick befremdlich erscheint.

Die Fortpflanzung ist eine der wichtigsten Aufgaben des Menschen und des Lebens schlechthin. Wo ein Lebenssinn nicht endgültig auszumachen ist, muss das Leben selbst und seine Fortführung in immer neuen Generationen als Sinn an sich herhalten. Die dafür notwendigen Prozesse und Organe sind somit nicht unwesentlich oder sprachunwürdig. Sie sollten im Gegenteil zentraler Bestandteil der menschlichen Betrachtungen sein. Deshalb hier gleich eine weitere wichtige Information aus dem gerade erwähnten Themenfeld, dann haben wir das Ganze weitgehend schnell und schmerzlos hinter uns gebracht:

WENN ES UNTENRUM JUCKT, KANN DAS AUCH EINE FOLGE NACHWACHSENDER INTIMBEHAARUNG SEIN.

Es ist jedenfalls nicht zwingend ein Zeichen für unerwünschte tierische Besiedlung.

Viele werden an dieser Stelle erleichtert aufatmen. Manchmal sorgt man sich im Leben aus nichtigem Anlass.

160

LOCKER BLEIBEN!

GEBURT UND
KINDHEIT

Nach der Fortpflanzung kommt die Geburt, ebenfalls ein wichtiger Teil des Lebens, nicht nur für die Mutter, sondern auch für das Kind. Bei der Geburt kommt es auf Kooperation an! Kind und Mutter sollten ihre Konflikte auf später verschieben. Wenn der Nachwuchs schon kurz nach Verlassen der Gebärmutter versucht, eigene Wege zu gehen, ist das oft der Beginn einer schmerzhaften Erfahrung.

Es ist kontraproduktiv, wenn Mutter schreit wie am Spieß, das Kind aufgrund der Lautstärke versucht, noch im Geburtskanal zu wenden, und am Ende alles so verkantet ist, dass man eine Tiefbaufirma mit schwerem Werkzeug heranziehen muss.

LAUFEN LASSEN!

Dies ist ein Ratschlag, der natürlich erheblich leichter formuliert als durchgehalten ist. Das kiloschwere Kind quetscht sich durch viel zu kleine Innereien, Mutter denkt, dass es sie zerreißt, und draußen stehen ein paar Leute und geben gute Ratschläge:

ATME!

Gute Idee! Was für ein scheinschlauer Hinweis. Man würde es ja gerne tun, aber der gesamte Thorax ist in wilder Unordnung. Das Kind durchstöbert den Unterleib, und die Innereien drücken gegen Milz und Leber. In der Folge verabschieden **161** sich die Nieren nach oben, wo aber ebenfalls kein Platz ist, denn der Dickdarm drückt sich gerade durch die Lunge. Was will der Nachwuchs? Hintenrum raus? Ausgeatmet werden? Was für ein absurder Vorgang ist eine Geburt?

Schon bei der Menschwerdung sollte jedem deutlich sein, dass das Leben nicht geschaffen wurde, um uns zu gefallen. Alles ist schwieriger als notwendig. Ein simpler Reißverschluss wäre allemal hilfreicher gewesen als ein Dammschnitt! Wo ist Gott gewesen, als der Fortpflanzungsprozess gestaltet wurde? Sicher nicht in einem Versuchs-Kreißsaal, wo er hätte sein sollen. Und ich sage ganz bewusst »er«! Ein weiblicher Gott hätte gemacht, dass das Kind den Vater durch den Penis verlässt, sieben Kilo schwer, aber 15 Meter lang, bis es sich draußen mit dem ersten Atemzug zusammenzieht. Eine weibliche Schöpferin wäre kreativ und pragmatisch vorgegangen! Und für ordentlichen Schmerz hätte die Methode immer noch ausgereicht.

Auf die Geburt folgt die Kindheit. So ist das Leben organisiert. Natürlich wäre alles besser, wenn man das Leben als Greis beginnen könnte. Man wäre zunächst dement, was aber niemandem auffallen würde, weil Eltern gewöhnt daran sind, dass Kinder nichts wissen. Dann würde man langsam, aber sicher begreifen, wo man wohnt und wie man ein Klo benutzt. Man wäre erwachsen, bis man am Ende zum Kind wird und dumm wie ein Brot. Man verlernt das Schreiben und macht wieder in die Hose.

162 An dieser Stelle sollte auch der Begriffsstutzigste erkannt haben, dass es egal ist, wie herum man lebt. Alles beginnt und endet in Unselbstständigkeit. Der einzige Sinn des normalen Alterungsprozesses liegt darin, dass es besser ist, erst in schlecht bezahlten Praktika herumzuhängen, um dann richtig Kohle zu machen, als umgekehrt. Zunehmend weniger zu verdienen ist extrem frustrierend.

BERUFE

Als Kind wird man häufig gefragt, was man einmal werden möchte, und es ist für Kinder verboten, darauf mit »älter« zu antworten. Kinder werden genötigt, irgendwelche Wünsche zu äußern, die sich ohnehin nie erfüllen: Bundeskanzler, Pilot oder Arzt. Lauter dumme Berufe! Ärzte studieren neun Jahre, haben Verantwortung über Leben und Tod und bekommen 3,30 Euro für die Beratung eines Menschen, der ausschließlich wegen der Zeitungen im Wartezimmer sitzt. Gerade älteren Mitbürgern ist es egal, dass die Blätter oft schon Jahre auf dem Buckel haben und durch das ständige Anfassen zu Virenschleudern geworden sind. Weil der Patient sie umsonst lesen möchte, täuscht er Weichteilrheumatismus vor. Es ist armselig, womit sich unsere Ärzteschaft auseinandersetzen muss.

Aus Sicht der Mediziner ist folgender Ratschlag an alle Patienten wichtig:

WENN SIE ZUM ARZT GEHEN, WASCHEN SIE SICH VORHER!

163

Ein guter Freund von mir ist Gynäkologe. Er beklagt sich nicht, aber ich weiß, dass mangelnde Hygiene ein dauerhaftes Problem für ihn ist. In diesem Beruf muss man wirklich hartgesotten sein! Das Einzige, was ihn entschädigt für das, was er aushalten muss, ist die Freude, wenn er wieder einen überraschenden Gegenstand in einer seiner Patientinnen findet: Münzen, Kleinelektrogeräte, Staubsaugeraufsätze, nichts, was es nicht gäbe!

Als langjähriger Frauenarzt verfügt er bereits über eine erstaunliche Sammlung. Wenn ich mich mit ihm unterhalte, frage ich mich jedes Mal, ob ich meine Möglichkeiten im genitalen Bereich wirklich ausschöpfe.

Pilot ist ein häufiger Berufswunsch von Kindern, die über die Entwicklungen in der Luftfahrt uninformiert sind. Piloten werden in spätestens zehn bis zwanzig Jahren, wenn Flugzeuge vom Boden aus computergesteuert werden, nicht mehr gebraucht.

Bundeskanzler, Minister, Staatssekretär: lauter Berufe für Loser! Sie werden ausgeübt von Leuten, die an die gut bezahlten Töpfe in der freien Wirtschaft nicht herangekommen sind. Am Ende müssen sie ihren Körper feilbieten wie Gerhard Schröder. Dann besuchen sie Geburtstage und Dienstjubiläen von Despoten für eine warme Mahlzeit oder eine VIP-Karte bei einem Fußball-Länderspiel. Niemand will so enden.

Kinder äußern solche Berufswünsche aus Unwissenheit. Kein Kind weiß, was es werden möchte, woher auch? Nach welchen Kriterien

164

sollte ein Kind auswählen? Soll der Beruf ein Abenteuer sein? Dann empfiehlt sich:

WERDE TAXIFAHRER!

Taxifahrer zu sein ist vielleicht finanziell keine Offenbarung, aber man erfährt so viel über das Leben! Fremde Menschen erbrechen sich in dein Auto, und alle vier Wochen wirst du ausgeraubt. So hat man immer wilde Geschichten, die man zu Weihnachten im Kreis der anderen Taxifahrer erzählen kann. Man kann schildern, welche Wirkung Pfefferspray auf das Augenlicht von Aggressionsgestörten hat oder was es mit den Polstern macht, wenn eine 100 Kilo schwere 16-Jährige auf der Rückbank ihr drittes Kind zur Welt bringt. Im Gegenzug erfährt man von den anderen, wie man eine vergessene Plazenta rückstandslos von den Ledersitzen entfernt. Ein Raumspray reicht da nicht aus. Taxifahrer zu sein ist immer noch ein Abenteuer, zumindest in Berlin.

Wenn man als Kind gefragt wird, was man werden möchte, ist man gar nicht in der Lage, die dumme Frage ernsthaft zu beantworten. »Pervers« oder »Idiot« wären schlagfertige Aussagen. Es wäre überraschend, solche Wünsche aus dem Munde eines Kindes zu vernehmen – und deshalb lustig. Auch »Trottel« oder »Drecksack« wird selten genannt, aber so viele werden es am Ende!

ES KOMMT IMMER ANDERS ALS MAN DENKT!

BILDUNG

Ist der Mensch erst einmal auf der Welt, ist der Vorgang meist nicht mehr zurückzudrehen. Der Rückweg in den Mutterbauch ist versperrt. Die meisten Frauen jedenfalls verweigern sich diesbezüglich.

Nun heißt es, voranzugehen, zu wachsen, zu lernen. Das Bildungssystem empfängt den kleinen Delinquenten spätestens im Kindergarten. Dort geht es noch sehr spielerisch zu. Chinesen sind oft überrascht, dass dort bei uns noch kein Mandarin gelehrt wird.

Sie verstehen nicht, dass Kinder auch ohne Klavier-, Geigen-, Fremdsprachen-, Fahr-, Koch-, Yoga- und Informatikunterricht anständig gedeihen können. Lebensfreude bei Kindern gilt in China als Fehlentwicklung. Wenn unser Nachwuchs in die Grundschule kommt, ist er dumm, aber gerade deshalb gibt es in Europa in der Vorschulzeit wenig stressbedingten Haarausfall.

Wir als Mitteleuropäer haben zur Anstrengung ein anderes Verhältnis als Asiaten. Herausforderungen gelten bei uns nicht als Chance, sondern als Zumutung, die die seelische Gesundheit des Kindes gefährdet. Deshalb gibt es an unseren Schulen zunächst auch keine Noten. Beurteilungen gefährden die unreifen, empfindlichen Seelen unserer Sprösslinge, zumindest wenn sie unter 30 sind.

Geschriben wirt, wi mannz schprijt.

Beim Wettlauf laufen alle gleich schnell,

und die, die langsamer laufen, gelten als schneller, weil sie benachteiligt waren, da sie nicht so schnell laufen können. So wird jede Leistung zur Charakterlosigkeit, weil sie den Leistungsschwachen ihre Leistungsschwäche vor Augen führt. Leistung gilt deshalb als asozial. Dafür wird jede Mittelmäßigkeit zum Erfolg verklärt, bis die, die zu wirklich Außergewöhnlichem in der Lage gewesen wären, sich schämen und darauf verzichten, ihre Talente zu nutzen.

Wer heute als Kind zugibt, dass er später gerne einmal groß, schön und reich wäre, gilt als sozial unverträglich und wird eingeschläfert, zumindest in der Schule, wo die Leistungsfähigen so lange gelangweilt werden, bis sie ins Koma fallen. Oberstes Ziel der Pädagogen ist, dass begabte Kinder andere nicht mit ihren Fähigkeiten behelligen oder gar anspornen, selber über das Mittel hinauszustreben.

Das Bildungssystem Deutschlands erzeugt exakt das, was hierzulande gerne gesehen ist: Funktionales ohne Anspruch, etwas Besseres zu sein. Das liegt daran, dass auch Lehrer insgeheim der Mittelmäßigkeit verfallen sind. Sie wollen selbst nicht aus der Mitte herausragen. Das wäre ihnen peinlich. Wenn sie etwas Besonderes hätten sein wollen, wären sie nicht Lehrer geworden, sondern Ägyptologen oder Erfinder.

Für all jene, die gerne über das Gewöhnliche hinausstreben, gilt deshalb unbedingt:

WERDE BESSER ALS DEINE LEHRER!

Das sollte nicht zu schwierig sein. Lehrer, die dies hier lesen, stellen selbstverständlich Aus- **167** nahmen dar! Sie haben schon durch den Besitz dieses Buches nachgewiesen, dass sie an fundamentaler Weiterbildung und geistiger Ertüchtigung interessiert sind.

STUDIUM ODER AUSBILDUNG

Sollte man es, wie die bald schon überwältigende Mehrheit jedes Jahrgangs, zum Abitur gebracht haben, stellt sich die Frage nach der weiteren Berufsausbildung. Ein Studium führt angeblich immer noch zu durchschnittlich höherem Einkommen. In den Statistiken aber sind Schwarzarbeiter, Zuhälter und Rauschgiftdealer möglicherweise nicht korrekt erfasst.

Wer für Karrieren in den Branchen Zwangsprostitution oder Drogenhandel offen ist, sollte bedenken, dass man solche Berufe selten lange konfliktfrei ausübt und außerdem in den meisten Fällen nicht ausreichend sozialversichert ist.

Eine Ausbildung zum Klempner oder Trockenbauer ist weniger anspruchsvoll als ein Studium der Raketentechnik und dennoch erheblich lukrativer.

HANDWERK HAT GOLDENEN BODEN!

Wie oft bestellt man einen Elektriker oder Schreiner ins Haus, wie selten dagegen einen Islamwissenschaftler, geschweige denn einen promovierten Historiker, weil einem das Geschichtsbild durch-

168

einandergeraten ist und eine dringende Reparatur benötigt wird.

Viele Menschen werden im Laufe ihrer Reife zu Soziopathen, Misanthropen oder Psychotikern und müssen dann viel zu spät feststellen, dass es sich dabei weder um anerkannte Ausbildungen noch um Berufe mit einer dem Aufwand entsprechenden Bezahlung handelt.

Ein Handwerker dagegen kann allein von den saftigen Fahrtkostenpauschalen leben, die er berechnet, auch wenn er nebenan wohnt und zu Fuß gekommen ist. Ein Neurochirurg ist dazu gar nicht in der Lage.

Hinzu kommt das geringere Berufsrisiko unserer nicht akademisch Qualifizierten: ein nachlässig montierter Siphon ist schnell repariert, ein paar Tropfen müssen weggewischt werden, das war's. Ein aus Zerstreutheit in die Beckengegend verlegter Lungenflügel aber ist ein echtes Ärgernis! Er muss neu bestellt werden und wird dann erst nach langer Lieferzeit implantiert, meist, trotz der hohen Kosten, mit einer teuren Betäubung.

Elektriker sind inzwischen so selten, dass man ihnen oft die Tochter des Hauses plus Mitgift anbietet, wenn sie sich nur bereit erklären, noch innerhalb des laufenden Jahres das Bussystem wieder ans Laufen zu bringen. Bezahlbare Gärtner gelten als aussterbende Art. Die wenigen noch lebenden, die sich bereit erklären, einen Rasen zu mähen oder gar ein paar Obstbäume zu beschneiden, können Preise nehmen, die man früher nur aus Saudi-Arabien kannte.

● SHANGHAI // CHINA ●

Im Fernen Osten ist man bei der Lebensplanung
oft sehr akribisch. Schon kleinste Kinder lernen
Instrumente, Sprachen, Algebra und Jonglieren.
Man ist sich dort, wo einem niemand etwas
schenkt, darüber im Klaren, dass es viel Fleiß
braucht, um Außergewöhnliches zu erreichen.
Irgendwann schafft man es dann vielleicht, dass
einem das eigene Konterfei von den Wänden
entgegenlächelt.

Wer Trockenbau und Anstrich aus einer Hand anbietet, kann über das Einkommen eines niedergelassenen Internisten nur lachen, und ein erfolgreicher Schreiner wird sich nicht wundern, wenn ein Zahnarzt, dessen Kundschaft ausschließlich aus Kassenpatienten besteht, zu Halloween bei ihm klingelt, um nach Nahrungsmitteln zu betteln. Süß oder sauer, darauf kommt es ihm nicht an.

Einen Maler zu fragen, ob er eine einzelne Wand streichen könnte, gilt als Majestätsbeleidigung. Die Wohnung wird enteignet, die Wohngenehmigung entzogen. Feierabend. Selber schuld.

Söhne oder Töchter zu lieben heißt, ihnen das Studium zu verbieten und einen Ausbildungsplatz zu besorgen in irgendeinem Handwerksbetrieb, sei es als Pinselbinder, Gabelbieger oder Knüppelbauer, egal. Hauptsache sie gehören nachher zur privilegierten Kaste derer, die sich ihre Klienten nach Großzügigkeit und Sympathie selber auswählen können, um sie anständig auszuschlachten, bis nichts mehr übrig ist.

Die nächste Branche, die die Herrschaft an sich reißen wird, ist die der Haushaltshilfen. Junge Leute sind oft nicht mal mehr in der Lage, sich ein Butterbrot zu schmieren. Ihre Kochkünste beschränken sich darauf, eine Bestellung aufgeben zu können. Käse zu kaufen gilt für sie als Aufgabe für Physiker und Philosophen.

Es ist den meisten Menschen heute nicht mehr gegeben, das Alltägliche zu meistern. Sie brauchen Hilfe. Und jene, die in der Lage sind, ein Essen zuzubereiten, die Wohnung bewohnbar zu ma-

171

chen oder ein Leben zu organisieren, werden die Zukunft beherrschen. Man kann einem jungen Menschen nur raten:

VERGISS DAS STUDIUM!
LERN WAS!

ROBOTER

Wenn man einen praktischen Beruf anstrebt, sollte man natürlich auch etwas können. Dies ist den meisten heute nicht mehr gegeben, schon weil es kaum noch jemanden gibt, der es ihnen beibringen könnte. Deshalb werden viele unserer alltäglichen Aufgaben in Zukunft von Robotern übernommen, nicht weil wir uns das wünschen, sondern weil sie es können. Sie sind die Letzten, die noch in der Lage sind, eine Pomelo von einer Pampelmuse zu unterscheiden, eine Möhre zu schälen und dem Nachwuchs zu erklären, wie man eine Sardinendose öffnet.

Schon bald beginnt die Weltherrschaft der programmierten Androiden. Wenn man aus unerfindlichen Gründen Wert darauf legt, in Notfällen auch ohne maschinelle Hilfe durchzukommen, muss man sich jetzt die Fähigkeiten dazu aneignen, solange es noch ein paar wenige Menschen gibt, die einen anleiten können. Die Roboter werden schon in naher Zukunft nicht mehr so dumm sein, ihre Kenntnisse an biologisch Unvollkommene wie uns weiterzugeben.

172

Einem jungen Menschen ist nur zu wünschen, dass er sich im Alltäglichen eine gewisse Handlungsfähigkeit erhält, entsprechendes Wissen aufbaut und Routinen einübt, die ihn in die Lage versetzen, auch bei Stromausfall mehrere Tage zu überleben.

Auch ein intelligenter Roboter wird bei einem mehrtägigen Ausfall des kompletten Internets und starkem Frost in der Diele kein Parkett verfeuern können, wenn er nicht mehr aufgeladen werden kann. Und hartnäckiger Zahnbelag entfernt sich nicht von selbst, wenn die elektrische Zahnbürste das Servergateway nicht mehr findet und den Dienst verweigert.

Ein Mensch sollte in der Lage sein, die wesentlichen Dinge des Lebens, also Nahrungszufuhr und -ausscheidung, sowie Schlafen und Sex, im Notfall mehrere Tage lang ohne maschinelle Hilfe zu erledigen. Schon der Verzehr einer Tomate aber ist für verwöhnte Jugendliche des 21. Jahrhunderts ohne YouTube-Anleitung kaum noch durchzuführen.

TOMATE KAUFEN!
TOMATE BEISSEN!
TOMATE SCHLUCKEN!
REIHENFOLGE UNBEDINGT EINHALTEN!
NAHRUNGSVERSORGUNG IST KEIN HEXENWERK!

Mit Salz, Pfeffer und ein bisschen Olivenöl schmeckt das Ganze sogar.

Tomaten sind übrigens rote Strauchfrüchte, gehören aber dennoch zum Gemüse, da sie zu den ein- oder zweijährigen Gewächsen gehören, während Obst von mehrjährigen Pflanzen stammt. **173**

Tomaten sind damit auf einer Stufe mit Gurken (den grünen länglichen Gewächsen aus dem Supermarktregal, die wie ein Sexspielzeug aussehen), Kürbissen (die man daran erkennt, dass sie zu Halloween ausgehöhlt werden) und Paprika (bunte Klötze mit plastikartigem Äußeren, dennoch essbar).

NICHT ESSBAR SIND DURCHSICHTIGE VERPACKUNGEN, KUNSTLEDER UND GRAS!

Jungen Menschen ist heute vieles nicht mehr selbstverständlich. Natürlich können Roboter hier wichtige Hilfsdienste verrichten. Sie können den Heranwachsenden, deren komplette Welterfahrung aus World Of Warcraft stammt, zeigen, wie man in einem Rewe ohne Kampfaxt überlebt.

Roboter werden schon bald in der Lage sein, nicht nur den Rücken zu kratzen oder Rotkraut zuzubereiten, sondern auch Hunde auszuführen oder Fliegen zu verscheuchen, allein durch Erzeugung eines öligen Geruchs.

Selbstfahrende Autos, frei laufende Drohnen und unsichtbare Nanobots, die sich durch unsere Adern frei bewegen wie sonst nur Blutkörperchen oder Alkohol, werden schon bald ganz selbstverständlich zum Alltag dazugehören wie heute die Heißklebepistole oder die Schrumpfmuffe.

Eine maschinelle, intelligente Haushaltshilfe wird vielleicht bald schon Teil der Familie sein. Sie wird sich am Küchentisch über das Paarungsverhalten der Nachbarn mokieren und die mangelnde Kooperation des Saugroboters beklagen. Ein groß gewachsener, zweibeiniger Maschinen-

174

mensch mit künstlicher Intelligenz und großen Kraftreserven könnte sogar das Au-pair-Mädchen beschlafen. Als gutaussehender junger Familienvater muss man dann nicht mehr alles selber machen.

KÜNSTLICHE INTELLIGENZ

Die Zukunft der künstlichen Intelligenz bietet Chancen und Risiken. Viele Menschen haben Angst vor der Kälte, mit der Maschinen ihre Entscheidungen treffen, aber auch Menschen geben ihre Befehle nicht immer auf humanitärer Basis. Das beweisen Personen der Geschichte wie Dschingis Khan, Adolf Hitler, die Panzerknacker, Donald Trump, Kim Kardashian oder Darth Vader.

Künstliche Intelligenz, das sollte man bei aller Skepsis nicht vergessen, birgt großartige Möglichkeiten. Die Frage ist aber zunächst: Wird es sie wirklich geben? Oder sollten wir nicht erst die Entwicklung natürlicher Intelligenz vorantreiben? Wir wissen, wie selten Schlauheit in der Natur vorkommt! Selten bei Menschen, häufiger bei Oktopussen oder Raben. Raben sind in der Lage, Werkzeuge zu bauen und zu benutzen. Die Viecher können damit mehr als ich! Auch dieses Buch hier hat eigentlich ein Rabe geschrieben. Er möchte aber anonym bleiben.

Wie viele Menschen nehmen für sich in Anspruch, klug zu sein, sind aber geistig maxi-

175

mal auf dem Level einer Automatikschaltung! Ein Roboter, der Schach spielen kann, muss nicht besonders intelligent sein. Er muss lediglich eine Reihe von Rechenschritten vorausberechnen können, eine Fähigkeit, über die bei entsprechender Programmierung auch ein Nokia 2112 aus dem Jahr 2004 hätte verfügen können. Niemand aber wird die schäbige Telefon-Stange von damals für einen Vertreter der künstlichen Intelligenz halten. Das Gerät konnte nichts von dem, was heute jede Personenwaage kann, nämlich aussehen wie ein Raumschiff und das Körpergewicht über WLAN ungefragt im Internet verbreiten.

Künstliche Intelligenz sollte unsere Emotionen erkennen und verstehen, sie sollte empathisch sein und sich nicht auf die Seite der Expartner schlagen. Von diesen charakterlosen Huren haben wir genug da draußen!

KI sollte vorausschauend und flexibel sein. Ein digitaler Sprachassistent ist heute nicht einmal in der Lage, auf Befehl ein Musikstück der Original Oberkrainer abzuspielen, wenn man den Befehl dazu in Serbisch erteilt: Алека, свирајте песму оригиналног Оберкраинер. Man kann froh sein, wenn das Gerät still bleibt, nicht flucht oder etwas von den Amigos anstimmt.

Digitale Sprachassistenten wie Siri oder Alexa befinden sich noch im Entwicklungsstadium, spionieren die Bude aus, petzen, wenn man seinen Geschirrspüler nicht bei Amazon gekauft hat, und fragen mitten in der Nacht nach, was man von ihnen wünscht, weil sie dein Schnarchen oder

176

eine Flatulenz als Hilfsanforderung fehlverstanden haben.

Nicht einmal das selbstfahrende Auto hat es bisher in den allgemeinen Stadtverkehr geschafft, weil die Karren immer noch fahren wie unsere Rentner. Intelligente Autos halten sich akribisch an Tempolimits und weigern sich, den Radweg zuzuparken. Was soll man damit anfangen?

Offensichtlich ist die Entwicklung künstlicher Intelligenz noch nicht marktreif, und es ist, auch wenn häufig anderes behauptet wird, alles andere als sicher, ob es jemals so weit kommen wird. Vielleicht werden intelligente Roboter niemals in der Lage sein, schwarzzufahren oder sich auf dem Fußballplatz schreiend über den Platz zu wälzen, obwohl sie gar nicht berührt wurden.

Ein guter Ratschlag lautet dementsprechend:

WENN DU AN DER ZUKUNFT INTERESSIERT BIST, NIMM SELBER DARAN TEIL!

Einen Roboter vorzuschicken ist nicht nur feige, sondern auch wenig hilfreich, vor allem wenn du deine Eltern anpumpen möchtest.

ZUKUNFTSBEZOGENE
RATSCHLÄGE

Man weiß nicht, was die Zukunft bringen wird. Das liegt daran, dass sie noch nicht eingetreten ist, denn selbst wenn sie schon da wäre, wäre sie exakt in diesem Moment bereits wieder Vergangenheit, auch wenn sie immer noch die Zukunft der Momente davor wäre, allerdings nur im Plusquamperfekt-Futur-4, einer Zeit, die allgemein unbekannt ist, aber von mir als Hilfszeit verwendet wird, wenn ich die zeitliche Ordnung verliere. Das alles macht die Zukunft so kompliziert.

Es ist immer einfacher, Ratschläge für die Vergangenheit zu geben, weil man nachher immer schlauer ist. Deshalb weisen solche Ratschläge ihre Urheber als Klugscheißer aus. Auf Sätze wie »Da hättest du besser ins andere Eck geschossen« oder »Das konnte man doch sehen, dass da eine Glasscheibe war« kann jedermann gut verzichten. Wenn der Tippgeber es vorhergesagt hätte, wäre alles gut gewesen. So handelt es sich um Besserwisserei, die durch den Ärger über den verschossenen Elfer und die riesige Beule nur noch schlimmer empfunden wird.

Gute Ratschläge betreffen die Zukunft. Sie enthalten Hilfreiches ohne den Beigeschmack der Neunmalklugheit. Sie sind insofern weise, dass sie das allgemein Bekannte übersteigen und überraschende Erkenntnisse beinhalten. Nietzsche beispielsweise riet der Allgemeinheit:

178

WENN DU ZUM WEIBE GEHST, VERGISS DIE PEITSCHE NICHT!

Dieser Hinweis ist hilfreich, allerdings nur für Anhänger sadomasochistischer Sexualpraktiken. Wer besucht schon gerne den mühsam gefundenen Sexualpartner, der seine seltsamen Gelüste teilt, und hat dann die wichtigsten Utensilien vergessen!

Nietzsche soll eine richtige Drecksau gewesen sein und starb ja dann auch folgerichtig an der Syphilis. Mein Ratschlag ist deshalb weit rationaler:

WENN DU ZUM WEIBE GEHST, VERGISS DIE SYPHILIS NICHT! KONDOME SCHÜTZEN!

Wahrscheinlich starb Nietzsche aber gar nicht an der ihm unterstellten Geschlechtskrankheit, sondern an einem Hirntumor, wofür zahlreiche Indizien sprechen: die lange Krankheitsdauer, das fehlende Zittern der Zunge, die Blindheit auf dem rechten Auge weit vor Ausbruch der Krankheit und vieles mehr.

GEGEN EINEN HIRNTUMOR HELFEN AUCH KONDOME NICHT!

Es reicht also, wenn man sie beim Sex trägt – und nicht den ganzen Tag.

• CANCHA CARRERA // ARGENTINIEN •

Gesundheitliche Probleme treten oft genau dort auf, wo wenig Hilfe zu erwarten ist. In der argentinischen Pampa haben Erreger leichtes Spiel. Sie wissen, dass es dort weit und breit keine Apotheke gibt, und der Puesto Sanitario hat oft geschlossen. Dann grinsen die Bazillen verschlagen und brechen über eine Körperöffnung ihrer Wahl in den Organismus ein. Das ist gemein, aber man sollte es nicht persönlich nehmen. Die Viecher kennen keine ethischen Grundsätze, die ihr Handeln strukturieren würden.

FALSCHE ZITATE

Übrigens hat Nietzsche den Satz mit den Weibern und der Peitsche niemals gesagt. Er kommt lediglich in ähnlicher Form in seinem Werk *Also sprach Zarathustra* vor und wird dort von einem Hutzelweib gesprochen, gibt also nicht die Meinung des Autors wieder. Wer also nach Ausreden sucht, weil er mit dem Reitpeitschchen erwischt wurde, sollte nicht auf verstorbene Philosophen verweisen, sondern zugeben, dass er zumindest ein bisschen pervers ist.

Es passiert immer wieder, dass ausgerechnet jene Zitate, die jeder zu kennen meint, aus dem Zusammenhang gerissen oder sogar falsch sind. Der berühmte Philosoph und Kriminologe Stephan Derrick hat in der nach ihm benannten Serie nachweislich nicht ein einziges Mal gesagt: »Harry, hol schon mal den Wagen!« Und Adolf Hitler hat niemals im Angesicht der Berliner Mauer ausgerufen: »Mr. President, tear down this wall!« Das hat aber auch niemand behauptet.

Dem Ayatollah Khomeini wird gerne folgendes Zitat zugeschrieben: »Ein Mann kann Geschlechtsverkehr mit Tieren wie Schafen, Kühen, Kamelen haben. Jedoch sollte er das Tier töten.« Ich bin kein Freund dieses Mannes, halte aber jene nicht für besser als ihn, die ihm Zitate unterschieben, die er nie geäußert hat. Auch großen Unholden der Geschichte sollte man nicht einfach irgendeinen erfundenen Unsinn unterstellen. Es reicht, zu zeigen, was diese Gestalten verbrochen haben. Berechtigte Antipathie mit fantasiertem Bullshit zu unterfüttern sollte gerade an dieser Stelle tabu sein, schon um Kritik an Despoten nicht in den Geruch der Unwahrheit zu bringen.

Weitere Sätze, die der Ayatollah nicht gesagt hat, sind: »Wollt ihr den totalen Krieg?«, »Es gibt kein Bier auf Hawaii!« und »In einem rechtwinkligen Dreieck ist das Quadrat über der Kathode positiv geladen«. All diese Weisheiten entstammen auch nicht dem 9. Buch Mose, von dem ich gar nicht weiß, ob es existiert. Ich lese keine Autoren, die ihre Bücher aus Mangel an Fantasie einfach nummerieren, anstatt sich in einsamen Nächten geile Titel auszudenken, um die Leserschaft zu fesseln, Titel wie: *Moses und die Tafeln der Gesetzlosen*, *Moses, oder wie ich das Meer teilte* oder *Moses, 40 Tage ohne Sex und Wein*.

Vielleicht gibt es die Bücher auch längst, und mir hat wieder einfach niemand Bescheid gesagt. Beim Googeln habe ich sie aber nicht gefunden. Ich kann nicht alles tausendfach hinterfragen. Irgendeine Unwahrheit findet sich im Zweifel in jedem Buch. Wer ist schon immer auf der Seite der Wahrheit?

Was der Ayatollah Khomeini ebenfalls nicht gesagt hat, war: »Geht's raus und spielt's Fußball!« Das war Franz Beckenbauer. Wenden Sie sich wegen der falschen Apostrophsetzung bitte an ihn! Donald Trump hat niemals behauptet, dass der Iran in Asien liegt. Wahrscheinlich hat er darauf verzichtet, weil es stimmt.

182 Und Ho Chi Minh hat nie damit geprahlt, er hätte Mao Zedong in einsamen Nächten des

Langen Marsches beschlafen. Wenn man ihn damit konfrontiert hätte, hätte er wahrscheinlich ausgerufen: »Never ever!« Hat er aber nicht!

Belegt ist, dass Waldi Hartmann schon nach der Vorrunde einer Fußballeuropameisterschaft mit zwei Damen im Arm vor der gesammelten Journalistenschar gesagt haben soll: »Spesentechnisch bin ich schon im Halbfinale!« Vielleicht ist aber auch das nur eine Legende. Wenn man dem Ayatollah Khomeini irgendetwas unterschieben kann, dann sicher auch dem Waldi. Was der eine kann, hat sicher auch der andere drauf! Und Waldi war bekannt für seine fidelen Leitsätze, weit bekannter noch als der auch bei uns immer noch berühmte Iraner.

MERKSÄTZE

Statt mit Zitaten, die nur dadurch Gewicht bekommen, dass sie aus prominenten Köpfen gequollen sind, sollten wir uns nun lieber Ratschlägen zuwenden, die ihre Bedeutungsschwere nicht der Person verdanken, der sie zugeordnet werden, sondern ihrem philosophischen Gehalt. Ratschläge wie:

GELD STINKT NICHT!

Das ist vor allem im bargeldlosen Verkehr sicher richtig. Ansonsten sagt es nicht viel aus. Viele Menschen sind bereit, für Geld alles zu tun, und würden es auch annehmen, wenn es riechen würde wie ein Monate alter Kadaver.

183

Es ist weit verbreitete Meinung, dass Reichtum vielleicht nicht glücklich macht, aber doch unbeschwert. Das ist rein statistisch nicht der Fall. Richtig ist, dass vor allem nicht selbst erworbenes Vermögen oft große Verlustängste, unberechtigten Hochmut, daraus folgend labile soziale Beziehungen und aus Misstrauen resultierende Bindungsprobleme erzeugt. Es ist der vorbehaltlosen Liebe nicht zuträglich, wenn man weiß, dass der Partner nur so lange bleibt, bis man ihm einen kompletten Satz neuer Geschlechtsorgane und ein neues Gesicht gekauft hat.

Tiefe Zweifel sollte man auch folgender Weisheit entgegenbringen:

EIN GUTES PFERD SPRINGT NUR SO HOCH, WIE ES MUSS.

Auch dieser Satz birgt Wahres und Unwahres. Ich selbst habe mein Abitur mit exakt der erforderlichen Mindestpunktzahl erreicht und war stolz auf meine Effizienz, die der einer italienischen Fußballmannschaft aus den 70ern glich: 100 Punkte! Nicht einen mehr! Ich habe quasi das frühe 1:0 verteidigt bis zum Schlusspfiff, ohne große Mühe oder Anstrengung, ohne auch nur einmal außer Atem gewesen zu sein. Gleich am nächsten Tag wäre ich in der Lage gewesen, ein weiteres Abitur zu machen, wenn nicht sogar zwei.

Dennoch sehe ich mein eigenes Handeln von damals kritisch. Wäre ich ein gutes Pferd gewesen, hätte ich mich inhaltlich orientiert und mich gefragt, was ich gerne hätte lernen wollen,

Fremdsprachen vielleicht oder Geschichte, Kochen, Handarbeit oder Drogenhandel, alles Dinge, für die sich Pferde vielleicht nicht immer interessieren, die man aber dennoch in unserer Schule problemlos hätte mitnehmen können. Stattdessen habe ich mich, um in der Metapher des Fußballs zu bleiben, einfach hinten reingestellt, wie damals Inter Mailand in den 70ern, ab und zu an der Seite eine Grätsche angesetzt, vor allem in Mathematik und Englisch, und am Ende einen billigen Sieg davongetragen, der niemanden erfreut hat.

Heute weiß ich nicht einmal mehr, wo mein Abiturzeugnis ist. Ein guter Sprung sieht anders aus.

Ein wichtiger Merksatz, der ebenfalls aus dem Reitsport stammt, stimmt aber immer. Er lautet:

DU SOLLST DAS PFERD NICHT VON HINTEN AUFZÄUMEN!

Ruckzuck hat man einen Huf im Unterleib. Sehr schmerzhaft.

GLÜCK

Wie wir auf den bisherigen Seiten sehen konnten, ist es schwer, allgemein gültige Lebenshilfe in wenigen Sätzen zusammenzufassen, ohne in Banalitäten zu verfallen. Weisheit kommt selten mit wenigen Worten aus. Wer versucht, sich kurzzufassen, wird bei Erzeugung von allgemeingültigen Lebensweisheiten keinen Erfolg haben.

185

Menschen, die behaupten, sie wüssten, wo das Glück zu finden sei, wissen in Wirklichkeit oft überhaupt nichts. Dann sagen sie:

ALLES GLÜCK DER ERDE
LIEGT AUF DEM RÜCKEN DER PFERDE.

Was für ein unsäglicher Quatsch. Dort befindet sich der Sattel. Alles andere fällt herunter.

Es gibt keine einfachen Weisheiten, die in der Lage wären, uns in Sekunden aus dem tiefen Tal einer Depression zu holen und uns mit wenigen Worten, also quasi nebenbei, mal eben so glücklich zu machen. Ein solcher Satz wäre ja fast ein Zauberspruch!

Dennoch gibt es sprachlich knappe Konstrukte, die zur Glückserzeugung taugen. Nur zwei Beispiele:

4 KUGELN: SCHOKOLADE, PISTAZIE,
HASELNUSS UND KOKOS, BITTE!

Oder:

MACH DICH NACKIG!

Sie erzeugen das Glück aber nicht selbst, sondern initiieren es nur.

Dauerhaftes Glück ist ohnehin nicht zu erreichen, weder durch Geld noch durch weise Sprüche, technischen Fortschritt, Optimierung, Waschen, Religion oder Physik. Glück ist eine temporäre Empfindung, die immer wieder neu erkämpft werden muss. Es gibt keine Abkürzung auf dem Weg zum Glück. Dumme Menschen versuchen es mit Drogen, andere mit organisierter Kriminalität. Aber noch

186

keiner von ihnen hat es geschafft, die menschliche Natur, die zu dauerhafter Euphorie nicht in der Lage ist, zu überlisten. Sie verwechseln das äffische Hochgefühl des Sieges mit dem tiefen Gefühl der Zufriedenheit.

Glück ist in der Natur nur in Ausnahmesituationen vorgesehen. Evolutionär ist der Mensch nicht darauf geeicht, sich zurückzulehnen und zu genießen. Im Zustand des Überschwangs geht nichts voran. Man springt herum und freut sich. Das ist nicht produktiv und sieht auch oft recht dümmlich aus.

Keine große Erfindung der Menschheit ist jemals aus Freude entstanden, weder der Dampfkochtopf noch der elektrische Stuhl. Nicht einmal die batteriebetriebene Pfeffermühle, die nur erfunden wurde, weil ein hinterlistiger Kleingeist den selbst zum Pfeffermahlen zu faulen Zeitgenossen das Geld aus der Tasche ziehen wollte.

Den größten Erfindungsreichtum hat der Mensch aus Rach- und Herrschsucht entwickelt. Auch Angst und Hass sind starke Antriebe. Militärisches Kalkül hat den Menschen Raketen bauen und ins Weltall fliegen lassen. Profitgier treibt uns an, neue Datenträger oder Eissorten zu entwickeln. Glück können wir nur als kurze Belohnung verspüren. Dauerhaft empfunden, macht es träge und verhindert, dass wir über neue Waffensysteme nachdenken.

Die Entwicklung der Arten basiert nicht auf Zufriedenheit mit dem Bestehenden, sondern aus dem Willen zur Veränderung. Zurücklehnen und sich freuen war gefährlich. Man schloss früher genießerisch die Augen, und schon war man Futter **187** für die räuberischen Drecksviecher der Moore und Dschungel.

Vielleicht liegt es daran, dass uns positive Rückmeldungen weit weniger dauerhaft berühren als Kritik, Ablehnung oder gar Verachtung. Zustimmung nutzt sich schnell ab, sie wird selbstverständlich. Eine Beleidigung aber lastet lange auf uns, erzeugt Rachegelüste und ruiniert uns die Laune.

Sicherheit macht uns nachlässig, eine Bedrohung erzeugt Aufmerksamkeit. Deswegen erleben wir das Negative intensiver. Erst muss das blanke Überleben gesichert werden, bevor man kurz genießen darf.

Erst die enorme Überlegenheit des Menschen über den Rest der Natur auf Basis seiner Hirnleistung ermöglichte, dass wir heute ab und zu Zeit haben, zu uns selbst zu finden und uns der spirituellen Erbauung zu widmen oder dem Stumpf-an-die-Wand-Schauen.

Wir vergessen oft, dass wir auf einer kleinen geografischen und zeitlichen Insel leben, auf der es möglich ist, über mehr als das bloße Überleben nachzudenken. In anderen Zeiten und an anderen Orten ging und geht es in erster Linie darum, die nächste Mahlzeit oder einen Schlafplatz aufzutreiben und die Nacht zu überleben. Dass das bei uns heute größtenteils anders ist, ist ein Grund zur Freude und alles andere als selbstverständlich!

• SUGDIDI // GEORGIEN •

Menschen sind die einzigen Wesen auf der Welt,
die in der Lage sind, die Zeit zu quantifizieren.
Seit Einstein wissen wir sogar, dass die Zeit keine
absolute Größe ist, sondern abhängig von Raum
und Geschwindigkeit. Dies führt dazu, dass eine
Uhr, die 17:33 Uhr und 46 Sekunden anzeigt,
in einem Raum hängen kann, dessen beste Zeit
bereits vorbei ist. An diesem Ort ist es in Wahrheit zwischen 19:14 und 22:51 Uhr kaukasischer
Sekundenzählung. Dieser Punkt in der Raumzeit
wird nie mehr verlassen, weil die Batterie
der Uhr leergelaufen ist.

DRITTES BUCH:

DER ZUSTAND DER WELT

WO STEHEN
WIR NUN?

Wir stehen gut da! Das wird viele überraschen. Denn allerorts wird mit den Zähnen geknirscht. Deutschland ist weltweit führend in der Produktion von Beißschienen. Dies ist zwar statistisch nicht belegt, aber unbedingt zu vermuten. Verkrampfter Missmut allerorten. Erschöpfte Kaumuskeln. Verkniffene Blicke. Krämpfe in der Stirnmuskulatur. Dazu gibt es keinen Anlass! Es ist nicht alles gut. Aber einiges.

Ich kann nur immer wieder daran erinnern, dass es noch vor 400 Jahren normal war, dass alle paar Jahre marodierende Soldaten im Dorf vorbeischauten, ob es dort nicht etwas zu essen und zu trinken gäbe oder sich ein paar Jungfrauen zum Schänden finden ließen. Wenn die Truppen aus dem Dorf wieder weiterzogen, weil es leergeplündert war, vergaßen sie nicht, die Reste sorgfältig niederzubrennen. Was lernen wir daraus? Relative Sicherheit ist eine angenehme Erfindung der modernen Zivilisation.

In der Kolonialzeit war es nicht weiter ungewöhnlich, irgendwo in Asien oder Afrika ehrenvoll fürs Vaterland zu sterben. Und noch unsere Großväter antworteten auf die Frage »Wollt ihr den totalen Krieg?« mit einem entschiedenen »Ja, sicher!«. Natürlich antworteten nicht alle so. Manche sagten auch: »Warum nicht?« Einige sogar: »Nein danke!« Aber offenbar nicht laut genug. Kein Vorwurf! Wer Ablehnung öffentlich kundtat, musste damit rechnen, als Erster massakriert zu werden.

Uns Menschen des 21. Jahrhunderts erscheint es erst einmal überraschend, dass es damals als ernsthafte Handlungsoption galt, seine Nachbarn zu überfallen und die Welt zu unterjochen. Aber so war die Lage, als man noch keine allgemeine Kenntnis vom Unterbewusstsein hatte und die Massenmedien noch nicht erfunden waren. Die Menschen waren, auch wenn das vielleicht kaum einer glauben mag, noch dümmer als heute. Dabei rede ich natürlich vom Durchschnitt! Wir verfügen selbstverständlich auch heute noch über ein schier unerschöpfliches Reservoir an Idioten.

Damals standen sich die Völker ethnisch weit homogener gegenüber als heute. Ein starkes Wir-Gefühl einte sie, und es gab keine dunkelhäutigen Abwehrspieler, die dem einfachen Menschen verdeutlichten, dass es Vorteile haben kann, wenn ein paar Fremdstämmige im Land wohnen.

Der »Migrationshintergrund« war damals noch nicht erfunden. Auch der »Biodeutsche« existierte noch nicht. Was heute »Kartoffel« genannt wird, war damals noch gleichbedeutend mit

194

»Deutscher«, was so viel hieß wie »deutschseiend!«, also wesensdeutsch, was immer das bedeutete. Schon damals gab es viele Deutsche, die weder pünktlich waren, noch blond, blauäugig oder schon vor dem Frühstück kampfbereit. Dennoch zweifelte niemand daran, dass ein deutsches Wesen existierte. Es wurde einfach nicht hinterfragt.

Als Deutscher teilte man sich diesen Begriff nicht mit Menschen aus anderen Teilen der Welt. Dennoch war das Deutsche schon damals international. Polen vermischten sich im Rheinland mit Franzosen, Tiroler am Wannsee mit Sachsen. Aber da alle am Sonntag pünktlich in der Messe waren, Deutsch lernten und akzeptierten, dass es von Mai bis Juni Spargel gibt, fiel das ganze Gemisch nur selten auf. Außerdem gab es noch keine Medien, die daraus eine Flüchtlingskatastrophe hätten zaubern können. Es gab mit den Fremden, wie heute, teilweise Probleme. Aber die wurden gelöst. Das Leben ging weiter.

Ethnische Reinheit gab es hierzulande nie. Gut so. Aus der Evolutionslehre wissen wir, dass Vermischung auf Dauer prima ist.

Heute gibt es erstaunlicherweise nicht wenige Menschen, die eine ethnisch geordnete Aufteilung der Welt anstreben, also zurückwollen in einen Zustand, den es niemals gab.

Sie halluzinieren von einem Europa der Vaterländer, und damit meinen sie einen Kontinent mit reinen Völkern, die alle glücklich sind, weil sie unter sich sind. Das ist irrationaler Quatsch.

Natürlich war die Welt früher übersichtlicher. Das Fremde war damals noch fremd – **195** und nicht »integriert«. Meine erste Pizza aß ich mit 11. Sie wurde auf dem Kindergeburtstag meines einzigen ausländischen Schulkameraden, einem Italiener namens Marco, gereicht. Ich empfand dieses bis dahin nur aus Reisegeschichten bekannte Nahrungsmittel als exotisch. Das Seifig-Unangenehme im Geschmack kam vom Oregano. Das fremde Kraut diente dazu, den Geschmack für Wirsinggewohnte unerträglich zu machen.

Döner lernten wir mit 19 kennen. Die Gastarbeiter waren gekommen und belegten die Stadtteile, für die die Deutschen keine Verwendung hatten. Italiener, Griechen und Türken schossen wie Pilze aus dem Boden, und sie waren zu 110 Prozent Malocher oder Gastronomen. Wer in unseren Städten heute deutsche Küche essen will, muss lange suchen. Meine Welt ist reicher geworden dadurch. Ich esse indisch, japanisch, thailändisch, manchmal auch armenisch, persisch oder sogar österreichisch. Ich will nicht zurück in die Welt davor, die beherrscht wurde von Kohlrabi in einer geschmacksfreien, salzigen, weißen Soße. Warum die Leute von einem Deutschland ohne Ausländer träumen, weiß ich nicht.

Ja, es gibt Ausländer, die Probleme machen aufgrund ihrer fremden Vorstellungen von Jungfräulichkeit, Gottesliebe und Rechtsstaatlichkeit. Es gibt aber auch viele Deutsche, mit denen ich lieber nicht in einem Land leben würde. Sie rufen »Heil Hitler« als Sonntagsgruß und treffen sich zum Klatschen und Abfackeln. Oder sie laufen am 1. Mai mit schwarzen Gesichtsmasken durch die Stadt und erfreuen sich am revolutionären Plündern.

Es gibt Leute, die glauben, alle Probleme ließen sich durch ethnische Einheit lösen. Das ist einfältig, unbegründet und gefährlich. Zufriedenheit und Ordnung entstehen nicht durch völkische Übereinstimmung mit dem Nachbarn. Im Gegenteil! Das Konzept der ethnischen Nationalstaatlichkeit hat zahllose Kriege ausgelöst und niemals zu Frieden und Wohlstand geführt.

Wahr ist: Viele fühlen sich überfordert, wenn auf ihren Straßen ein fremdländisch anmutendes Durcheinander sichtbar wird. Was dabei oft vergessen wird: Es sind nicht die Ausländer, die die Einheit unserer Lebenswelt gesprengt haben.

Zeitgleich mit der Aufhebung der ethnischen Schranken ist auch die deutsche Heimat immer differenzierter und dadurch vielseitiger, spannender und reicher geworden. Unsere Heimat hat sich kulturell gewandelt und aufgedröselt. Die Anzahl der Subkulturen hat sich vervielfacht. Heute gibt es eine unglaubliche Vielfalt der Lebensentwürfe. Gott sei Dank! Wir können nicht mehr zurück in die Vormoderne.

Auch innerhalb der biodeutschen Gemeinschaft gibt es indessen so viele unterschiedliche Möglichkeiten, sein Leben zu gestalten, dass es keine einheitliche Heimat mehr gibt. Selbst wenn es keine Ausländer gäbe, würde Deutschland heute nicht mehr im Gleichschritt in Lederhose zu Blasmusik marschieren. Auch im ethnisch reinen Germanien wäre nichts mehr wie früher. Der Enkel käme mit Löchern in der Jeans und Tribal-Tattoo zum Muckefuck. Die lesbische Tochter säße mit violetten **197**

Haaren im Nagelstudio und der Neffe mit Kampf-
hund beim Metzger.

Im Radio wäre wahrscheinlich nicht die sibiri-
sche Sängerin Helene Fischer zu hören. Stattdessen
würde urdeutsch musiziert, mit den Toten Hosen. Es
ist unwahrscheinlich, dass die aus Schlesien ver-
triebene Urgroßmutter darüber glücklich wäre. Kein
Jugendlicher würde heute noch begeistert von der
Schule nach Hause kommen, weil dort seine Brief-
markensammlung und die Karl-May-Bücher auf ihn
warten. Kultur verändert sich.

KOMPLEXITÄT

Natürlich wird die Welt durch Vielfalt fremder. Sie
ist kompliziert und unübersichtlich geworden.
Immer muss man sich um Dinge kümmern, die man
nicht versteht! Für die Abrechnung des Zahnersatzes
benötigt man einen Hochschulabschluss, die Steuer-
klärung ist ohne fremde Hilfe nicht mehr zu erledigen, und ständig muss man die Pay-TV-Verträge
wechseln, weil die Bundesligaübertragungsrechte
bei jeder Anstoßzeit wechseln.

Die globalisierte Welt ist unüberschaubar. Der
Welthandel hat zu schwierigen Verflechtungen geführt. Chinesen kaufen Immobilien in Berlin, Ara-
bern gehört der Hafen von New York, Russen mieten
Ibiza, und neulich wurde ein Zweifamilienhaus im
Saarland an einen Rentner aus der Pfalz ver-
steigert. Die Welt ist in Bewegung.

Das nutzen Populisten aus. Sie erklären den Menschen, dass sie besser seien als ihre Nachbarn, dass ihr Volk das jeweils größte sei und nur von den anderen Völkern, den Fremden, daran gehindert wird, in Seligkeit zu leben.

Dass ausgerechnet ein amerikanischer Präsident einmal Vorreiter dieses pöbelnden Irrsinns werden könnte, war bis vor Kurzem unvorstellbar. Die größte Volkswirtschaft und die durchschlagskräftigste Armee, befehligt von einem Spätpubertierenden, trotzig, rotzig, rachsüchtig, emotional labil, intellektuell nur bedingt leistungsfähig, getrieben von Geltungssucht. Zivilisierte Bürger reiben sich die Augen.

Aber Trump ist nur ein Spiegelbild seiner Wählerschaft. Auch er ist überfordert von der Vielschichtigkeit der internationalen Beziehungen. Gerade das ist es, was ihn zum demokratischen Führer macht. Wer gewählt werden will, darf heute keine besonderen geistigen Fähigkeiten oder differenzierten Einsichten mehr haben. Er sollte nicht über komplexere Kenntnisse verfügen als sein Volk, sondern seine Vorurteile spiegeln. Er benötigt keinen breiteren Horizont als seine Wähler. Er muss nur noch über die gleichen Feindbilder verfügen wie die, die ihn stützen. Das ist gelebte Demokratie.

In Amerika regiert, vielleicht zum ersten Mal, kein Vertreter der politischen Klasse, sondern ein echter Mann des Volkes, ein Rüpel, ein Milliardär zwar, aber im Geist ein einfacher Amerikaner, der nicht lang nachdenkt, sondern macht.

Wenn Trump den Eindruck erwecken würde, er wüsste mehr als seine Wähler, wäre er ein **199**

Teil des Establishments und damit nicht mehr er selbst. Erst mit ihm hat sich das Versprechen wahrer Volksherrschaft erfüllt. Der Populismus, das vergessen wir oft, ist die natürliche Folge der Demokratie.

Trump-Wähler, AfD-Anhänger, Erdoğan-Freunde, sie alle eint die Abneigung gegen das Intellektuelle, Schwierige und Fremde. Die Globalisierung ist ihnen ein Dorn im Auge. Wie soll man die Welt des internationalen Warenhandels verstehen, wenn schon das Warenangebot im örtlichen Drogeriemarkt unüberschaubar geworden ist?

Völker leben heute in komplexen Abhängigkeiten. Natürlich ist das gut so! Verflechtungen sind die Grundlage dafür, dass Kriege in den entwickelten Bereichen der Welt nicht mehr möglich sind, ohne dass die Kriegsteilnehmer ihr eigenes Vermögen zerstören. Die Globalisierung war und ist insofern ein Friedensprojekt. Wer Handel treibt, schießt nicht aufeinander, schon weil es dumm ist, die eigene Kundschaft zu erschießen. Oder den Lieferanten.

China, Europa und die USA können allein deshalb keinen Weltkrieg mehr führen, weil dem einen ein jeweils großer Teil des anderen gehört. Ein Angriff wäre damit ein Angriff auf den eigenen Besitz.

Garantiert wurde die Handelsfreiheit bisher durch internationale Abmachungen und Organisationen. Multilaterale Vertragswerke sicherten den Zustand ab. WTO, EU, UNO, NATO, OSZE, IWF und viele mehr garantierten, dass alle Teilnehmer des Welthandels in ähnliche Rahmenbedingungen einwilligten und die vertraglich vereinbarten Re-

200

geln akzeptierten. Im Konfliktfall, und natürlich gab und gibt es davon viele, wurde nicht geschossen, sondern vermittelt. Das war eine gute Sache für alle, die es schätzen, nicht vor der eigenen Türe erschossen zu werden. Trump und die anderen Populisten wollen das nun ändern. Das ist dumm und gerade deshalb volksnah.

Populisten gaukeln den Idioten vor, es gäbe für alles einfache Lösungen. Das ist gelogen. Aber warum sollten Demagogen auf das Lügen verzichten, wenn immer mehr Menschen belogen werden wollen, damit sie sich der Komplexität der Gegenwart nicht stellen müssen?

Auch bei uns gibt es viele einfach strukturierte Geister, die sich mit der primitiven Weltsicht, dass alles einfach ein Geschäft zwischen zwei Partnern sei, leichter anfreunden können, als mit komplexen, oft unübersichtlichen und unverständlichen Beziehungsgeflechten.

Der verstörte Bürger stellt sich heute oft einfache Fragen, die er nicht beantworten kann: Was macht der Saudi in der Einkaufsstraße? Wieso ist mein Zahnarzt eine Thailänderin? Warum ist nicht jeder Türke Gemüsehändler? Warum gibt es Schwarze in Cottbus? Wieso heißen Eskimos jetzt Inuit? Und vor allem: Wieso fährt der Chinese nicht mehr mit dem Fahrrad? Das verunsichert die Menschen außerhalb Chinas!

Trump will America great again machen, so wie es die Populisten überall versprechen. Die Brexiteers fordern, dass Großbritanniens Macht wieder in altem Glanz erstrahlen müsse. In Frankreich **201** fordern die Nationalisten eine Renaissance der Grande Nation. In Polen, Ungarn und Italien wollen die Volkstribune ihr Land wieder stolz und stark machen, und Erdoğan will die Türkei wieder zum Führer der islamischen Welt erheben. Sie alle versprechen ihrem einfältigen Wahlvolk, dass ihr Land in Zukunft Erster sein wird. Das kann exakt einem gelingen, aber nicht allen. Es ist schon rein physikalisch nicht möglich, dass alle in der ersten Reihe sitzen.

Wenn alle in die erste Reihe wollen, wird man sich am Ende um die besten Plätze prügeln müssen. Da es, wenn in den zwischenstaatlichen Verhältnissen zur Gewalt übergegangen wird, immer gleich zu vielen Toten und großen Zerstörungen kommt, fände ich es angenehm, wenn darauf verzichtet würde, sich um den besten Platz zu schlagen. Stattdessen sollten Vernunft und Kompromissfähigkeit wieder die Oberhand gewinnen.

Ich bevorzuge die Konfliktlösungsmethoden der Nachkriegszeit: Plätze ab und zu tauschen und jeden einmal nach vorn lassen, auch die Kleinen. Deshalb predigen die Vernunftbegabten Rücksichtnahme und beklagen die steigende Aggressivität und den grassierenden Egoismus in der internationalen Politik.

Schon in der Vorschulbildung wird bei uns gelehrt: Nicht der Stärkere soll bestimmen, wo es langgeht, sondern auch die Kleinen und Schwachen dürfen sich ab und zu etwas wünschen. Leider sind viele wichtige Figuren in der internationalen Politik noch nicht auf dem Niveau unserer Kindergärten angekommen.

Trump, Erdoğan, Putin, sie alle betrügen ihre Anhänger, weil sie ihnen vorgaukeln, sie könnten die vordersten Plätze in der Weltgeschichte für ihre Leute reservieren. Und die, die sie wählen, sind dumm genug, den Käse zu glauben. Diesen Menschen sei empfohlen:

**SEI KEIN IDIOT UND
FALLE AUF PLUMPE VERSPRECHEN HEREIN!**

Und weiterhin:

**EINFACHE LÖSUNGEN FÜR SCHWIERIGE PROBLEME
FÜHREN SELTEN ZUM ZIEL.**

**DIE WELT WIRD NICHT BESSER, WENN ALLES SO WEIT
VEREINFACHT WIRD, BIS DU ES BEGREIFST.**

HEILSVERSPRECHEN SIND IMMER GELOGEN.

SHITSTORM

Die Vernunft hat es nicht leicht in diesen Zeiten. Wer sich dem Populären und den Populisten verweigert, wird auf dem Marktplatz des 21. Jahrhunderts, dem Internet, an den Pranger gestellt. Dort findet heute die Meinungsbildung statt. Der Journalismus hat seine Deutungshoheit verloren an Amateure, Lügner, Hetzer und Demagogen. Sie folgen nicht journalistischen oder wissenschaftlichen Standards der Wahrheitsfindung, sondern dem Volksempfinden. Wahr ist im Internet nicht, was wissenschaftlich belegt werden kann, sondern was am meisten angeklickt wird.

203

Der Shitstorm ist die moderne Form des Pogroms. Das Volk rottet sich zusammen. Es lehnt den elitären Stil des gebildeten Establishments ab. Intellektuelle, Fremde und Andersdenkende werden in sozialen Medien und Kommentarspalten der lynchbereiten Masse vorgeworfen. Die Masse will nicht abwägen, höflich sein, rücksichtsvoll und ergebnisoffen diskutieren. Sie will »Klartext«. Der erregte Mob hält Argumentation auf Basis von überprüfbaren Fakten für überflüssigen Snobismus. Heute bestimmen nicht mehr Denker die Richtung des Diskurses, sondern geistige Hooligans.

Die Entwicklung der öffentlichen Diskussion ist in etwa immer gleich: Trottel behaupten irgendetwas Absurdes, beispielsweise dass eins und eins gleich vier sei. Sie schreien es heraus: »Vier! Vier! Vier!« Sie glauben selbst daran. Und da sie sich alle gegenseitig darin bestärken, dass vier die einzig richtige Lösung ist, kennen sie auch keinen Zweifel.

Sie behaupten, dass es in diesem Land keine Meinungsfreiheit mehr gäbe, weil man nicht sagen dürfe, dass eins und eins gleich vier sei, ohne dass man sofort korrigiert, also in seiner Meinung beschränkt werde.

Mathematiker antworten darauf, indem sie wissenschaftlich argumentieren: »Wir haben nachgerechnet. Eins und eins ist nach Adam Riese nicht vier, sondern objektiv zwei!« Schon verschärft sich der Sturm!

»Seht ihr!«, rufen die Trottel. »Wie wir gesagt haben! Es herrscht keine Meinungsfreiheit mehr!« Die Stimmung ist vergiftet.

Die Trottel behaupten, hier stehe Meinung gegen Meinung, aber die Meinung vier werde unterdrückt. Den Systemmedien wird vorgeworfen, sie würden entgegen dem Volkswillen ständig Partei für die Zwei ergreifen. Es wird zum Boykott aufgerufen. Vertreter der öffentlich-rechtlichen Sender werden zu Versammlungen der »Vierer« nicht mehr eingelassen.

Trotzdem laden die Medien Vertreter der Vier weiterhin in ihre Talkshows ein, schon weil der Krawall der Quote hilft. Die Vier-Fanatiker gehen gerne hin, behaupten aber dennoch, vor einem Millionenpublikum, ihre Meinung werde totgeschwiegen. Es gebe eben keine objektive Berichterstattung mehr …

Experten bleiben ungehört, wenn sie immer wieder darauf hinweisen, dass die Lösung der Eins-und-eins-Frage keine Frage der Meinung sei, sondern mathematischen Fakten folge und nach Adam Riese objektiv errechenbar sei. Die Lösung der Rechnung stehe nicht zur Diskussion, sondern sei entweder richtig oder falsch, wobei für das Problem eins plus eins gilt: Wenn L (wobei L für die Lösung steht) gleich vier ist, gilt L = F (wobei F für falsch steht). Wenn aber L gleich zwei ist, gilt L = R (wobei R für richtig steht). Die inzwischen hysterisch gewordenen Vertreter der Vierer-Lösung werfen ein, hier handele es sich um typisches Expertengefasel, das keiner verstehe und den Willen des Volkes ignoriere. Montagabends treffen sich besorgte und empörte Rechenunfähige auf dem Marktplatz und rufen: »Wir sind die Vier! Wir sind die Vier!«

205

Die Widerständler sind nun sicherer denn je, dass ihre Meinung unterdrückt wird, und besonders radikale Vertreter der mathematischen Umstürzler lassen verlauten, dass eins und eins im Grunde sogar fünf, manchmal auch sieben sei! Aber nicht einmal vier werde in diesem Land zugelassen! »Schande!« Einige fordern daraufhin den Parteiausschluss der Fünfer und Siebener aus der Partei »Vier für Deutschland«. Sie scheitern. Die Vierer beteuern, sie seien die einzige Partei der Meinungsfreiheit und auch die Gleichung eins plus eins gleich fünf entspringe der Freiheit des Denkens. Sieben sei zwar definitiv übertrieben, aber im Grunde ebenfalls Ansichtssache.

Überall wird gerufen: »Adam Riese muss weg!«

Der Hass steigt, und die Frage kommt auf, wer dieser Adam Riese überhaupt gewesen sei, nach dem man hier rechne, »ein Jude vielleicht, oder sogar ein Schwarzer, man wird ja wohl noch fragen dürfen, oder ist das auch schon verboten …?«.

Was Anhänger von Minderheitsmeinungen oft vergessen, ist:

KRITIK IST KEINE EINSCHRÄNKUNG DER MEINUNGSFREIHEIT!

Man kann hierzulande alles sagen, sogar, dass eins und eins gleich 666 ist. Es gibt aber kein Grundrecht auf Zustimmung.

Nicht einmal eine solch primitive und selbstverständliche Wahrheit erscheint heute mehr selbstverständlich.

206 Natürlich darf man nicht vergessen, dass die akademische Diskussion nur eine sehr kurze Tradition aufweist. Die Normalform des menschlichen Umgangs mit Meinungsverschiedenheiten ist die Lynchjustiz oder die Hexenverbrennung, die westliche Variante der Steinigung.

Der linke, der rechte und der religiöse Mob schreit alles nieder. Dazu kommen die Hooligans. Sie rufen »Arschloch, Wichser, Hurensohn!« und halten dies für den Inbegriff der freien Meinungsäußerung. Die Linken strafen jeden mit feindlicher Ablehnung, der nicht daran glaubt, dass uns eine Gesellschaft der Gleichen in Uniformität das Lebensglück für die Massen beschert. Die Rechten bekämpfen jeden, der bestreitet, dass ein Leben in ethnisch reinen Lebensräumen ein Paradies sei. Und die Religiösen rufen nach tödlicher Rache, wenn man daran zweifelt, dass der große Grzlwmpf zu einem Beduinen gesprochen hat.

> **WENN DU ÄRGER VERMEIDEN MÖCHTEST,
> STELLE NIEMALS GEGENÜBER VERBLENDETEN INFRAGE,
> DASS ES EINEN EINFACHEN WEG ZUM HEIL GIBT.**

Aber nicht nur Linke, Rechte oder Religiöse sind im dauerbeleidigten Modus. Es gibt zahlreiche Kleingruppen, die sich verfolgt fühlen, weil man ihre wirren Welterklärungen zu Recht unter Wahnsinn verbucht. Solche Menschen sind davon überzeugt, dass wir durch Kondensstreifen der Flugzeuge vergiftet werden oder dass die Erde eine Scheibe ist. Sie glauben, dass die Weisen von Zion die Welt beherrschen oder die Bilderberger oder die 68er oder die Waffenindustrie, Google, Facebook oder wer auch immer, Monsanto, Nestlé oder die Schreinerei **207**

Zimmermann. Sie halten Deutsche für überlegen, Tiere für unfehlbar und Israel für überflüssig. Kaum jemand ist besser organisiert im Netz als Rechte, Antisemiten und Tierfreunde.

WENN DU KEINEN STREIT WILLST, VERMEIDE IM INTERNET FOLGENDE BEGRIFFE: HUND, VEGETARIER, ASYL, JUDE, LIBERAL, ISLAM, ZIGEUNER, MERKEL, FIFA, ERDOĞAN, SCHWUL, GENDER, GOTT.

Verwende vor allem niemals die Worte »schwul« und »Gott«, sowie »Hund« und »Islam« in einem Satz! Kombinationen der angegebenen Reizworte lassen das Tourettesyndrom der Minderheiten explodieren.

Es ist faszinierend, wie schnell der Mensch in der Anonymität des Internets seine Zivilisiertheit vergisst und in den Zustand tierischer Aggression zurückfällt. Kein Mensch mit Internetanschluss kann ernsthaft behaupten, der Mensch verfüge über »Schwarmintelligenz«. Schwarmintelligenz wurde in der Natur bisher nur bei Heringen und Staren beobachtet. Beim Menschen richtet sich die Intelligenz des Schwarmes immer nach seinem dümmsten Mitglied. Und ein Idiot ist immer dabei.

208

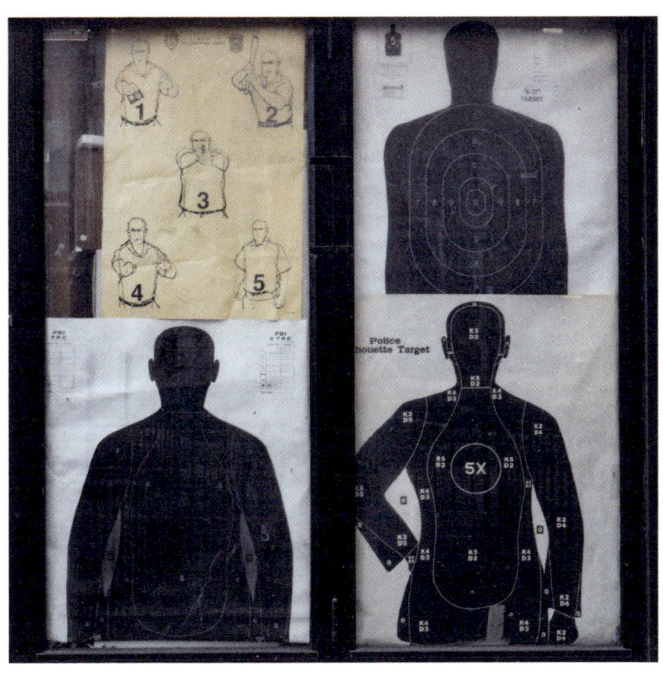

● **WILLIAMSBURG** // **USA** ●
Schusswaffen haben in den USA Fetischcharakter.
Dabei dient der Waffenbesitz dort – laut zweitem
Zusatz der amerikanischen Verfassung – aus-
schließlich der Verteidigung. Dennoch erliegen Tag
für Tag auch solche amerikanische Staatsbürger
ihren Schussverletzungen, die niemanden ange-
griffen haben. Schießübungen werden aber meist
nur mit Pappkameraden durchgeführt.
Das gebietet die Höflichkeit.

LIBERALITÄT
UND TOLERANZ

Viele Menschen schließen daraus, dass der Mensch Betreuung braucht. Man hält es für unzumutbar, dass er allein über sein Leben entscheidet, und weist dem Staat die Aufgabe zu, sich zu kümmern und dafür zu sorgen, dass es dem Individuum gut geht. Linke und Rechte wünschen sich ein politisches System, das nicht mehr nur die gesetzlichen Rahmenbedingungen für freie Bürger garantiert. Sie sehen den Staat als Mutter seiner Bürger, als Hüter seiner Schäfchen, als Pfleger seiner Patienten, die sich selbst nicht zu helfen wissen und deshalb beschützt und versorgt werden müssen.

Selbst in der Nacht passt Vater Staat auf uns auf. An der Kreuzung, wenn weit und breit niemand in der Nähe ist, wacht das Auge der Verkehrsüberwachung und verpasst allen, die bei Rot fahren, weil sie glauben, dass im Umkreis von einem Kilometer kein menschliches Leben ist, eine saftige Strafe.

Man traut dem Bürger nicht mehr zu, selbst zurande zu kommen, und unterwirft ihn einer Unzahl von Regulierungen, Gesetzen und Normen. Alle Sachen unter einem Meter Durchmesser tragen einen Hinweis, dass Kinder sie verschlucken könnten. Auf allem, was Gluten enthält, ist ein Totenkopf abgebildet, weil es irgendwo jemanden gibt, der Gluten nicht verträgt. Nüsse gelten als giftig bis tödlich. Wahrscheinlich werden bald auch We-

210

spen einen Hinweis tragen müssen, dass man sie nicht in den Mund nehmen sollte.

Glutenempfindlichen, Wespengift- und Nussallergikern wird nicht mehr zugetraut, dass sie im Laufe ihres Lebens selber lernen, was sie vertragen und was nicht. Deshalb stehen überall Warnhinweise, Inhaltsauflistungen und Verbotstafeln! Seit 2004 ist dies bei uns in der Zusatzstoffzulassungsverordnung vorgeschrieben. Keine Speisekarten mehr ohne kryptische Buchstabenkürzel. K steht für Konservierungsstoffe, also beispielsweise Pökelsalz oder Ameisensäure. F bedeutet »Kann Farbstoffe enthalten«, und I steht wahrscheinlich für »Irgendwas drin«. Heute braucht man als Restaurantbesitzer für die Speisekarte einen Lebensmittelchemiker und für die Einrichtung der Ladenkasse eine Unternehmensberatung.

Die überwältigende Mehrheit der Menschen hatte noch nie Schwierigkeiten mit Inhaltsstoffen, geht aber mit dem ständigen Gefühl durch die Welt, von Giften bedroht zu sein. Dabei wissen wir doch alle: Auch Sorge macht krank! Vielleicht sollte deshalb in Zukunft auch vor Warnhinweisen gewarnt werden: »Warnhinweis! Dieser Warnhinweis kann Besorgnis erregen!«

Auf jede drohende Gefahr muss hingewiesen werden, sonst winken Schadensersatzklagen. Deswegen steht in Bedienungsanleitungen von Sportuhren, dass man nicht trainieren sollte, wenn man eine Krankheit hat, bei der man stirbt, wenn man trainiert.

Den Föhn soll man nicht unter Wasser verwenden und das Auto nicht in der Garage lau-

211

fen lassen. Richtige Hinweise! Aber hätte man die, denen selbst solche Banalitäten nicht selbstverständlich sind, nicht besser sich selbst überlassen? Nein! Der Staat, der Pfleger der Unzurechnungsfähigen, passt auf uns auf.

Das Problem an der Sache ist: Wenn der Homo sapiens an sich unzurechnungsfähig ist und ständig Hinweise braucht, mithin also nur zu betreutem Leben in der Lage ist, wer darf ihn dann betreuen? Es sind Menschen, die den Menschen betreuen, Wesen also, die selber Betreuung brauchen. Bei uns betreuen die Pflegefälle die Bedürftigen, Geisteskranke entscheiden über das Schicksal von Verwirrten.

Wer sonst sollte pflegen? Tiere kommen dafür nicht infrage. Roboter sind noch nicht so weit. Alexa ist gerade in der Lage, neues Klopapier zu bestellen, und Siri schafft es nicht einmal, die Anstoßzeiten der Zweiten Liga korrekt anzugeben.

Ich aber glaube: Gerade weil der Mensch an sich nicht zurechnungsfähig ist, sollte er freie Entscheidungen treffen dürfen, denn jeder Irre hat das Recht, nicht von seinesgleichen fremdbestimmt zu werden.

JEDER SOLLTE DIE FORM SEINES IRRSINNS FREI WÄHLEN DÜRFEN!

Natürlich wählt er diese auf Basis eines begrenzten Verstandes. Aber aus freien Stücken. Und im festen Glauben, recht zu haben. Was natürlich Unsinn ist! Aber zu diesem Unsinn gibt es keine Alternative.

FREIHEIT DER LEBENSENTWÜRFE

Wenn der Mensch frei, aber verrückt ist, muss in Kauf genommen werden, dass er irre Entscheidungen trifft. Das muss man akzeptieren, wenn er sich nicht gerade in die Luft sprengt. Das sollte, wenn es irgendwie geht, verhindert werden. Schön wäre es, wenn man auch auf unseren islamistischen Gefährdern Warnhinweise anbringen könnte: »Vorsicht, kann Spuren von Irrsinn und Sprengstoff enthalten!« Es wird aber schwierig, das in der Realität durchzusetzen.

Alles, was andere nicht gefährdet, sollte zugelassen werden. Weder Burkas noch bauchfreie Tops, die dünner sind als ein Schnürsenkel, sollten Gegenstand allgemeiner Gesetzgebung sein. Sie unterliegen der Freiheit. Erlaubt ist, was andere in ihrer Freiheit nicht einschränkt. Kant formulierte es wie folgt:

HANDLE SO, DASS DIE MAXIME DEINES WILLENS, OB MIT ODER OHNE SACK ÜBER DEM KOPF, BAUCHFREI ODER NICHT, JEDERZEIT GRUNDLAGE EINER ALLGEMEINEN GESETZGEBUNG SEIN KÖNNTE!

Ob der kategorische Imperativ auch in einer globalisierten Welt gelten kann, muss sich zeigen. Kant selbst war eher regional orientiert. Er hat Königsberg nie verlassen, konnte also gar nicht beurteilen, ob der Satz auch im 17 Kilometer entfernten Прибрежный gilt oder in Groß Strehlitz, dem heutigen Strzelce Opolskie in Schlesien, 643 Kilometer entfernt, wenn man über die S7 fährt, 651 Kilometer über S7 und S8, dafür aber ohne Mautgebühren.

Man muss Kant zugutehalten, dass er meistens recht gehabt hat. Sein wichtigster Lehrsatz lautete:

ENTSCHEIDEND IST AUF'M PLATZ!

Viele behaupten aber heute, dieser Grundsatz sei von Hegel. Oft wird das Zitat auch Adi Preißler zugeschrieben. Da alle drei verstorben sind, ist das nicht mehr zu klären.

Was die Burka angeht, muss festgehalten werden: Gerade religiöser Wahnsinn lässt sich nur schwer korrigieren. Man muss ihn hinnehmen. Wenn du meinst, dass Gott will, dass du dir einen Sack über den Kopf wirfst, weil du eine Frau bist, dann tu das! Es ist dein Kopf. Und im besten Fall auch deine Entscheidung. Und dein Sack!

Originell, weil geradezu ein kulturübergreifender Kompromiss, wäre eine bauchfreie Burka. Darüber könnte man diskutieren.

Jeder sollte tragen, was er möchte. Es ist allerdings unabdingbar, dass auch Sackträger akzeptieren, dass bei uns Kleidungsfreiheit herrscht.

Ich halte den Sack an sich für bequem und je nach Aussehen bei vielen Menschen für eine Verbesserung, vor allem wenn er auch den Kopf verdeckt. Sein Tragen sollte aber niemals erzwungen werden.

214 Hinzu kommt: Der Sack als Kleidungsstück ist bisher ausschließlich für Frauen vorgesehen. Aber auch viele Männer würden davon profitieren, wenn man sie nicht sehen könnte.

Begriffe wie Freiheit, Toleranz und Liberalität sind bei uns häufig unterschätzt, zu Unrecht! Ich halte diese Begriffe hoch, weil ich noch Zeiten erlebt habe, in der heute selbstverständliche liberale Errungenschaften nicht existierten. Schwule mussten sich verstecken und Jugendliche auf der Rückbank kopulieren, kein leichtes Unterfangen in einem VW Käfer! Eine Wohnung zu mieten war für Unverheiratete nicht möglich. Nicht einmal zwei Verheiratete konnten einen gemeinsamen Mietvertrag unterschreiben, wenn sie mit jeweils anderen Partnern verheiratet waren. So etwas galt damals als Unzucht, und die war per Gesetz untersagt.

Heute fragt man sich zu Recht: Was geht es den Vermieter an, ob man in seiner Wohnung ohne Trauschein herummacht? Und warum mischt sich der Gesetzgeber ein? Er ist kein Sittenwächter. Wer sich den Staat als moralische Instanz wünscht, kann ja nach Isfahan ziehen. Da ist so etwas üblich!

Kein Vermieter sollte eingreifen in das, was man in seiner Wohnung macht, wenn man von Experimenten mit Sprengstoff oder radioaktiven Stoffen absieht. Das schadet dem Veloursteppichboden.

Ich war schon in den frühen 80ern, als ich meine erste Wohnung suchte, der Ansicht: Wenn einer mit fünf Kerlen und zwei Damen zusammenleben möchte, dazu mit einer lebensgroßen Puppe von Debbie Harry, einer Ente und einem Weinfass, dann ist das seine Sache. Diese Meinung vertrete ich auch heute noch, obwohl ich natürlich zuge-

215

ben muss, dass Debbie Harry nach zahllosen kosmetischen Korrekturen nicht mehr ganz die Alte ist.

Freiheit der Lebensentwürfe gab es früher nicht. Ich musste mit meiner ersten Freundin noch auf den Campingplatz, weil man ohne Trauschein nicht einmal ein Hotelzimmer bekam. Es gab damals noch den sogenannten Kuppeleiparagrafen. Ein Hotelier machte sich strafbar, wenn er unverheirateten Minderjährigen ein Hotelzimmer zur Verfügung stellte. Das ist heute Gott sei Dank anders!

Heute kann man ein Hotelzimmer mieten, und das Einzige, was nicht mit aufs Zimmer darf, sind gefrorene Schweinehälften. Das allerdings muss man verstehen, auch als Gast mit seltenen Vorlieben – die Dinger fangen beim Auftauen an zu tropfen.

TOLERANZ
UND FREMDE

Natürlich ist gelebte Toleranz nur dort möglich, wo eine Mehrheit der Bürger bereit ist, andersartige Lebensentwürfe zu akzeptieren. Unterschiedliche gesellschaftliche Gruppen haben unterschiedliche Vorstellungen vom Zusammenleben.

Sichtbar wird das Problem da, wo Fremde in der Nähe einziehen. Das ist oft ein temporäres Problem, weil Fremde in dem Moment, wo sie Nachbarn werden, meist nicht lange fremd bleiben. Wenn die Fremdheit aber bleibt, werden auch die Fremden meist nicht lange bleiben, da sie sich ebenfalls in der Regel ungern dauerhaft in der Fremde befinden. So löst sich manches scheinbar existenzielle Problem wie von selbst.

Oft aber kommt es anders.

Fremdenfeinden sei gesagt: Nicht alle Fremden sind Kinderschänder und Vergewaltiger. Dies zu sagen ist keine Verharmlosung der Problematik, sondern es dient der Deeskalation und der Beruhigung der Betroffenen. Außerdem stimmt es.

Fremde machen oft gutes Fladenbrot, herrliche Soßen oder Kichererbsenpüree, müssen aber manchmal erst lernen, dass man in einer Mietwohnung kein offenes Feuer macht, vor allem wenn sie nicht über einen Kamin verfügt. Es sind oft die kleinen, praktischen Dinge, die zu Problemen führen, besonders wenn die Wohnung über Massivholzparkett verfügt.

Ein großes Problem ist, dass es sich bei Flüchtlingen in der überwältigenden Mehrheit um junge Männer im fortpflanzungsfähigen Alter handelt. Viele von ihnen kennen Damen nur in züchtiger Bekleidung und betrachten es als Einladung, wenn fleischige Teenager aus ihren Jeanshosen quillen. Hier ist Aufklärungsarbeit nötig, die, hier muss man bei der Bestandsaufnahme ehrlich sein, oft auf wenig fruchtbaren Boden fällt.

Gerade junge Mädchen fühlen sich dann zu Recht bedroht. Das ist verständlich und sollte man ihnen nicht als Rassismus auslegen. Rufe wie »Ficki, ficki!« gelten in unserer Gesellschaft nicht als höflicher Gruß unter Gleichgesinnten. Hier müssten wir ausgesuchten Fremden gegenüber manchmal **217** deutlicher machen, was bei uns erlaubt ist und vor allem, was nicht.

Es ist kein Rassismus, wenn Mädchen darauf bestehen, selbst zu entscheiden, wer sie begrapschen darf und wer nicht. Wenn man mehrfach von Nordafrikanern sexuell belästigt wurde, ist einer 16-Jährigen auch nicht vorzuwerfen, dass sie weiteren Nordafrikanern reserviert entgegentritt. Es ist auch kein Rassismus, an dieser Stelle Nordafrikaner als Beispiel zu verwenden, schon weil das Problem im Zusammenhang mit Japanern oder Kanadiern selten auftritt. Es lässt sich nicht ausschließen, dass sexistisches Verhalten mit der Kultur zusammenhängt, in der es erlernt wird, auch wenn diese Tatsache von Katrin Göring-Eckardt ungern anerkannt wird. Manche Menschen schließen lieber alle zur Verfügung stehenden Sinnesorgane, bevor sie Offensichtliches zugeben, das sie nicht wahrhaben wollen.

Angehörige der Multikulti-Generation, mit der auch ich aufgewachsen bin, halten sich gerne für moralisch überlegen und sind stolz darauf, nichts dazugelernt zu haben, was ihre Ideologie infrage stellt. Sie sind für Basisdemokratie, Frauen- und Schwulenrechte und gleichzeitig für unbegrenzte Einwanderung. Und sie verweigern sich der Tatsache, dass all das zusammen nicht geht. So wie sie für stetig ins Unsinnige steigende Standards bei der Wohnraumdämmung und gleichzeitig für billigeren Wohnungsbau eintreten, Dinge, die sich fundamental widersprechen.

218 Sie leben in naiver Vorfreude auf eine bunte Gesellschaft und ignorieren, dass viele, die aus Arabien und Afrika zu uns kommen, Homosexualität, Gleichberechtigung und religiöse Freiheit für spinnerte Ideen kranker, kastrierter Weichlinge halten.

Aus unterschiedlichen Lebensvorstellungen und sexueller Unterversorgung, vor allem bei Neuankömmlingen, entsteht oft ein Verhältnis, das sich mit »gegenseitigem Unverständnis« gut umschreiben lässt.

Wir müssen aber ebenfalls begreifen: Den Migranten ist nicht vorzuwerfen, dass sie es gewagt haben, die heimatliche Perspektivlosigkeit zu verlassen und sich ein besseres Leben zu suchen. Das ist mehr als verständlich. Afrika und die arabische Welt sind finstere, korrupte Löcher, geprägt von Gewalt, Vorteilsnahme und Ausbeutung. Der amerikanische Präsident bezeichnet solche Länder gerne als »Shitholes«, und es ist nicht alles falsch, bloß weil Trump es gesagt hat. Es fehlt dort an allem, vor allem an jeglichem Gefühl für Verantwortung des Einzelnen für das Gemeinwesen.

Vielen in Deutschland mangelt es an einem Bewusstsein dafür, dass wir mit den Menschen auch die Probleme des afrikanisch-arabischen Kulturraums importieren.

Dass es so viele geschafft haben, nach Europa zu kommen, hat viele andere erst noch ermutigt, es ebenfalls zu versuchen. Sie haben ihre gesellschaftlich geprägten Ansichten über das Zusammenleben, Gott und die Frauen mitgebracht, und in vielen Fällen sind diese nicht so bunt, wie sich das die grünen Willkommensgrüßer vorgestellt **219** haben. Viele Migranten haben für Gendersternchen und die Probleme von Transsexuellen weniger Verständnis als Claudius Roth oder Antonia*_Hofreiter.

Auf der anderen Seite begreifen viele Alteingesessene hierzulande nicht, dass Migranten nicht alle gleich sind und dass vom einen, der sich als Headhunter für den Dschihad versteht, nicht auf alle geschlossen werden kann. Auch wenn es den einen oder anderen AfD-Wähler überraschen wird: Nicht alle Migranten schächten im Badezimmer, köpfen Ungläubige und vergewaltigen Haustiere. Die überwältigende Mehrheit verzichtet auf solche Schrullen.

Viele glauben offenbar, dass Erzgebirge, Alpen und Nordsee abgeschafft werden, wenn noch mehr Muslime zu uns kommen. Das ist nicht der Fall.

Solche Menschen diskutieren gerne über die Frage »Gehört der Islam zu Deutschland?«. Meist wird so getan, als ginge es um eine Alternative: Gehört der Islam zu Deutschland – oder die Mosel?

Die Mosel wird aber auch dann noch zu Deutschland gehören, wenn auch der Islam dazugehört. Es geht also nicht um Mosel oder Islam. Die Mosel bleibt auf jeden Fall deutsch! Sogar die Dönerbude Bosporus, die direkt an der Uferpromenade liegt, ist indessen ein integraler Bestandteil unseres Landes. Döner ist eine der beliebtesten deutschen Mahlzeiten. Natürlich ist das für viele schockierend, vor allem für Pizzabäcker.

Viele Deutsche können sich ein Leben ohne Döner nicht mehr vorstellen, sind glücklich, dass es ihn überall zu kaufen gibt, und gehen mit freudigem Schritt und starkem Speichelfluss zur

Mosel, wo sie der Adana-Grill freundlich erwartet, gleich neben dem China-Imbiss links vom Bootsanleger, hinter dem Schawarma-Libanesen, gegenüber der Pizzeria, beim Thai, der auch vietnamesisch und koreanisch kocht und Sushi macht. Und Tacos. Und Nachos. Und Cevapcici. Und indisch. Chicken Vindaloo.

Ich fände es übrigens originell, wenn beim Inder ab und zu auch einmal Königsberger Klopse oder Wirsing mit Mettwurst angeboten würde, sozusagen als für Inder exotische Mahlzeiten.

Den Willkommenseuphorikern sei gesagt: Nicht alle Migranten freuen sich darauf, etwas zu lernen über Frauenrechte, schwule Lebensformen und kulturelle Vielfalt. Den Fremdenfeinden dagegen sei ins Poesiealbum geschrieben: Jeder Mensch hat ein Recht auf ein Leben in Würde. Es ist vertrackt ...

MIGRATIONS-PROBLEME

Wenn sich das Profil der Bevölkerung durch Zuwanderung verändert, erzeugt das bei vielen Menschen Ängste. Nicht immer unberechtigt. Aber auch nicht immer berechtigt. Studien zufolge haben ein Viertel der Menschen bei uns einen Migrationshintergrund. Das ist auch für einen ausgewiesenen Liebhaber des Fremden, wie ich einer bin, nicht wenig.

Viele Menschen sorgen sich, dass die Migranten oft nicht in der Lage sind, unsere liberalen **221**

Lebensgewohnheiten wertzuschätzen, dass sie die Humanität unserer Strafverfolger ausnutzen, unsere Sozialsysteme ausbeuten und unsere Freizügigkeit missbrauchen. So etwas kommt in der Tat vor, und zwar nicht selten. Und es hat keinen Sinn, die Augen davor zu verschließen. Wenn wir Probleme nicht aussprechen, dürfen wir uns nicht wundern, dass rechte Betonköpfe sie für ihre finsteren Zwecke ausnutzen.

Dabei geht es übrigens nicht immer um Migranten muslimischen Glaubens. Auch zahllose Südosteuropäer haben intelligente Formen der Ausbeutung unserer Sozialsysteme entwickelt. Damit haben die Menschen ebenfalls zu Recht Probleme. Es geht also keineswegs um religiöse Fragen.

Der Islam steht aber häufig im Mittelpunkt der Diskussion. Warum? Weil es mit Buddhisten oder Religionslosen aus Ländern wie Japan oder Chile erfahrungsgemäß weniger Probleme gibt, obwohl auch sie teilweise andere Wertvorstellungen mitbringen. Sie tolerieren unser Verhältnis zum Alkohol und halten Mädchen, die vor der Ehe Sex haben, nicht pauschal für Huren. Das erscheint uns angenehm. Hier gibt es weniger Konfliktpunkte.

Leider gibt es bei uns aber auch Menschen, die mit Fremden grundsätzlich nicht zusammenleben möchten, vor allem, wenn diese Fremden fremd sind.

Viele sind überfordert, wenn es darum geht, berechtigte Sorgen von irren Ressentiments zu unterscheiden. Es gibt gute Gründe, auch jenseits von Rassismus und völkischem Irrsinn, gegen Massenimmigration aus anderen Kulturkreisen einzutreten. Zum Beispiel weil überproportional viele Migranten aus Arabien und Afrika keinen Wert legen auf die bei uns üblichen zivilisatorischen Standards wie sexuelle Selbstbestimmung oder Gewaltfreiheit.

Jeder halbwegs Vernunftbegabte wird begreifen, dass es unmöglich ist, jeden Afrikaner, der sich ein besseres Leben wünscht, in Europa aufzunehmen. Jeder weiß, dass das niemandem helfen und unsere Möglichkeiten sprengen würde. Jeder aber, der sich einen Funken Empathie bewahrt hat, wird ebenso zustimmen, wenn man sagt: Wir können nicht einfach tatenlos zusehen, wie Menschen im Mittelmeer ertrinken. Das ist außerdem verboten und erfüllt den Tatbestand der unterlassenen Hilfeleistung.

Die systematische Rettung dieser Menschen hat aber auch dazu geführt, dass sich immer mehr Afrikaner überhaupt erst auf die gefährliche Reise begeben haben. Die Seenotretter müssen sich damit auseinandersetzen, dass sie ursächlich mitverantwortlich dafür sind, dass immer mehr Menschen von Verbrechern auf Spielzeugschlauchbooten made in China im Mittelmeer ausgesetzt wurden, dass sie also die Probleme, die sie behaupten zu lösen, teilweise selbst erzeugen.

Jedes an einer europäischen Küste anlegende Boot mit Migranten an Bord ermutigt Abertausende, es ebenfalls zu versuchen. Unsere Hilfsbereitschaft erst ermöglicht das Geschäft der Schlepper. Und je näher die Retter der libyschen Küste kommen, umso billiger werden die Schlauchboote. Das ist ein klassisches moralisches Dilemma!

223

Fremdenfeinde und Migrationsromantiker sollten gleichermaßen begreifen, dass ihr Standpunkt angreifbar ist. Sie müssen erkennen, dass der Volksmund recht hat, wenn er behauptet:

WIE MAN'S MACHT,
MACHT MAN'S FALSCH!

Dieser Grundsatz ist einer der wenigen Lehrsätze, die in der Lage sind, das menschliche Handeln umfassend zu beschreiben.

MANCHMAL MUSS MAN AKZEPTIEREN,
DASS RICHTIGES HANDELN NICHT MÖGLICH IST,
WEIL ES KEIN RICHTIGES HANDELN GIBT.

Bei Problemen, für die es keine Lösung gibt, gibt es nur eine Handlungsoption:

WEITERWURSCHTELN!

Das größte Problem stellen oft jene dar, die bei komplizierten Sachverhalten nach einfachen Lösungen schreien und ihren eigenen Standpunkt für den einzig moralisch tragbaren halten. Sich damit abzufinden, dass es häufig kein eindeutiges »Richtig« oder »Falsch« geben kann, ist ein Zeichen geistiger Reife. Leider befindet sich ein Großteil der Bevölkerung noch in der mentalen Pubertät, sonst würde weniger herumkrakeelt und öfter Ratlosigkeit eingestanden.

224

● KOYASAN // JAPAN ●
Was hier steht, sollte uns zu
denken geben. Leider scheitert dies
häufig an der Sprachbarriere.

ANTIDEUTSCH, ANTIMASKULIN, ANTIRASSISTISCH

Es sollte nicht unerwähnt bleiben, dass der zu Recht angeprangerte Rassismus in Deutschland nur wahrgenommen wird, wenn er sich gegen Ausländer richtet. Pauschalurteile über Deutsche sind vielerorts durchaus willkommen.

Kein Vertreter des Antirassismus in Deutschland hat etwas dagegen, einem Volk pauschale Vorwürfe zu machen, ihm sozusagen eingeborene kollektive Eigenschaften zu unterstellen und es über einen Kamm zu scheren, es also rassistisch zu etikettieren, wenn es sich bloß um das deutsche Volk handelt.

Im *Spiegel* beispielsweise finden sich immer wieder Begriffe wie »Das herkunftsdeutsche Kollektiv« oder »Die Deutschen«, verwendet von Autoren, die giftigste Polemiken verfassen würden, würde sich jemand erdreisten, Urteile über beispielsweise alle Marokkaner zu fällen und sie als »herkunftsmarokkanisches Kollektiv« pauschal zusammenzufassen, nach dem Motto: »So ist der Marokkaner«.

Zahlreiche junge Migranten sind sich mit der Mehrheit bei Grünen und Linken einig, dass es sich bei Deutschen nicht lohnt zu differenzieren. Wir sind »Kartoffeln«, »Almans«, »Biodeutsche« – und als solche verfügen wir offenbar über einheitliche volksgenetische Eigenarten: ignorant,

226

unfreundlich, ausländerfeindlich. Pauschalurteile solcher Ignoranzstufe vermutet man eigentlich eher bei Nazis. Es gibt sie aber auch in anderen Bereichen des politischen Spektrums. Der Unterschied liegt nur im Volk, gegen das sich die Ressentiments richten.

Ähnlich liegt der Fall bei den Geschlechtern. Frauen gegenüber pauschale Urteile zu fällen gilt gemeinhin als verpönt, weil frauenfeindlich. Männer dagegen haben auch schlimmste gestrige Vorurteile anstandslos zu ertragen, sonst gelten sie als beleidigte Leberwürste.

Männer sind, so habe ich es von Frauenfreunden und -freundinnen gelernt, machthungrig, gewalttätig und unsensibel, Frauen dagegen kooperativ und sozial. Männer können mit Frauen nicht auf Augenhöhe kommunizieren. Sie sorgen in ihren Zirkeln dafür, dass Frauen nicht nach oben kommen. Es sollte jedem sofort einleuchten, dass es sich hier um undifferenzierte Pauschalurteile handelt, die im Einzelfall selbstverständlich zutreffen können, als Etikettierung der kompletten Gemeinschaft aber alle Eigenschaften eines Vorurteils aufweisen.

Dass Männer pauschal daran interessiert wären, Frauen aus Führungspositionen herauszuhalten, ist schon deshalb eine unwahre Verallgemeinerung, weil Solidarität mit dem eigenen Geschlecht unter Männern eher selten ist. Bei Frauen ist Sorge um das Schicksal ihrer Geschlechtsgenossinnen vergleichsweise häufiger anzutreffen. Auch Machtbewusstsein und Gewaltbereitschaft sind alles andere als rein männliche Eigenschaften. Ich kenne viele **227** männliche Phlegmatiker, die an allem interessiert sind, aber nicht an Macht. Dagegen kenne ich Frauen, die bereit wären, über Leichen zu gehen, um sich durchzusetzen. Auch die Fähigkeit zuzuschlagen ist Frauen nicht pauschal fremd. Es wird darüber aber weniger berichtet, schon weil es für Männer peinlich ist, sich gegen weibliche Gewalt nicht wehren zu können. Wenn man es tut, gilt man als Frauenschläger.

Pauschale Charakterisierungen sind nicht nur dann primitiv, wenn sie sich gegen Juden, Schwarze oder Araber richten. Auch Männer, Weiße und Deutsche haben ein Recht drauf, differenziert beurteilt zu werden. Genauso albern ist es, sie pauschal freizusprechen, wie es die Wähler von Donald Trump oder der AfD so gerne tun, die die Privilegierten in polemischer Verdrehung zu Opfern stilisieren, wenn man ihre Privilegien kritisiert. Es wäre schön, wenn sich alle, und zwar auch diejenigen, die sich selbst für die gute Seite der Macht halten, an folgenden Grundsatz halten würden:

- **DU SOLLST DIFFERENZIERT URTEILEN!**

- **DU MUSST IN KAUF NEHMEN, DASS ES NUR WENIGE ALLGEMEINGÜLTIGE WAHRHEITEN GIBT!**

- **PAUSCHALURTEILE SIND DEM EINZELNEN GEGENÜBER IMMER UNGERECHT!**

Das ist übrigens sehr schade. Natürlich wären viele Probleme auf der Welt viel einfacher zu lösen, wenn sich alle Angehörigen bestimmter Völker oder Geschlechter einfach ihren Klischees entsprechend verhalten würden. Leider ist dies nicht der Fall. Sehr ärgerlich! Aber solange das so ist, hat jeder Einzelne das Recht, als Individuum behandelt zu werden – und nicht als Jude, Mann, Reicher, Schwarzer oder Schiffsschaukelbremser.

Wenn du einmal die Fähigkeit zum abwägenden Urteilen erreicht hast, hast du dich weit von deiner Umwelt entfernt und bist in die Sphären einer höheren Bewusstseinsebene gelangt. Du musst nun damit leben, dass dich ein Großteil deiner Mitmenschen nicht mehr versteht. Lebe damit! Es gibt Schlimmeres.

VIERTES BUCH:

WAS TUN?

ZUR PROBLEMATIK
GANZHEITLICHER LEBENSHILFE

Wir haben bis hierher gelernt, dass es allgemeingültige, für alle Lebensbereiche und alle Problemfelder anwendbare Lehrsätze nicht geben kann. Wenn man es dennoch versucht, muss man damit leben, dass diese Handlungsanweisungen unspezifisch bleiben müssen, um Allgemeingültigkeit zu erlangen. Ein Beispiel:

NIMM'S LEICHT!

Das ist zwar in vielen Fällen ratsam, aber oft leichter gesagt als getan: Wenn einem gerade der linke Arm abgesägt wird, sind nur wenige Menschen in der Lage, positiv zu bleiben und zu sagen: »Macht ja nichts, ich hab ja noch den rechten!« Die meisten Menschen sind in einer solchen Lage erst einmal zu Recht enttäuscht, vor allem Linkshänder.

In diesem Buch will ich deshalb lieber die Ebene allgemeiner, für das ganze Leben gültiger Weisheiten verlassen und dazu übergehen, konkrete Lebenstipps zu geben, die jeder sofort anwenden kann. Dabei muss aber bedacht werden: Eigentlich bräuchte jeder Mensch individuelle Beratung, weil jedes Individuum andere Lebensvoraussetzungen mitbringt.

Die einen fressen zwei halbe Schweine am Tag und sind dürr wie ein Bambus, andere schauen ein Salatblatt an und haben ein Pfund zugenommen. Wie will man hier Ratschläge geben, die für beide Seiten verbindlich sind? Wenn man also ein Buch schreibt mit Verhaltenstipps, ist es schwer, allen gerecht zu werden. Jeder Mensch hat einen anderen Stoffwechsel.

Dem einen müsste man raten:

HAU REIN!

Anderen kann man nur empfehlen:

FINGER WEG VON FESTER NAHRUNG!

Ab und zu muss es reichen, zu atmen. Sonst nichts. Und selbst das ist oft schon zu viel, wenn man wirklich sein Idealgewicht erreichen möchte. Erst Tote haben mehrheitlich – oft schon wenige Monate nach ihrem Begräbnis – einen BMI unter 25, also das, was die WHO für ein gesundes Leben empfiehlt. Wer nun wiederaufersteht, sollte trotzdem zunächst vorsichtig bleiben. Der Körper muss sich nach Wochen ohne Stoffwechsel erst einmal wieder an Nahrungsaufnahme gewöhnen.

Jesus sah bereits am Ostermorgen, also keine zwei Tage nach seinem Ableben, schlank, trainiert und gepflegt aus, zumindest wird er auf den **234** einschlägigen Bildern aus Renaissance und

Barock so dargestellt. Zu dieser Zeit war die Auferstehung allerdings schon ungefähr anderthalb Jahrtausende her. Fotos oder gar Videoaufnahmen gab es nicht. Wir können also nicht beurteilen, ob die Darstellungen wirklich der Realität entsprechen.

Jedenfalls erschien Jesus seinen Jüngern der Überlieferung nach keinesfalls ausgehungert. Er verlangte auch nicht direkt nach einer Lammhaxe. Wahrscheinlich hat er sich an den Hinweis seines Vaters gehalten, der im Psalm 21, Vers 13 festgehalten ist:

ISS, WAS DEIN KÖRPER BRAUCHT, UND NICHT ALLES, WAS REINGEHT!

In der Übersetzung von Luther lautet der Psalm allerdings ein wenig anders:

HERR, ERHEBE DICH IN DEINER KRAFT, SO WOLLEN WIR SINGEN UND LOBEN DEINE MACHT.

Ins Finnische übersetzt, wird wieder etwas anderes daraus.

NOUSE, HERRA, OSOITA VOIMASI! LAULAEN JA SOITTAEN ME YLISTÄMME SINUN SUURIA TEKOJASI.

Festzuhalten bleibt: Auch wenn es auf das Körpergewicht keinen Einfluss hat:

SINGEN UND LOBEN IST IMMER EINE GUTE SACHE!

Beides macht Freude und tut gut.

235

TRENNUNGS-
TIPPS

Der eine oder andere Leser wird sich vielleicht fragen, wann endlich die ganz vorn im Buch angekündigten Trennungstipps kommen. Ich hätte sie fast vergessen. Und sie betreffen genau jene Art von Hilfe, die wir hier im vorletzten Buch angehen wollen: konkret, situationsbezogen, lösungsorientiert.

Allerdings kenne ich mich persönlich mit Trennungen nicht wirklich aus. Wenn ich aber trotzdem einen Ratschlag geben soll, würde ich mich für folgenden entscheiden:

WENN ES GEHT, WARTET AB, BIS DASS DER TOD EUCH SCHEIDET!

Dann muss man nicht mehr darüber nachdenken, wer den Hund kriegt.

Haustiere sollten immer beim lebenden Partner verbleiben. Lebende Grabbeigaben sind bei uns nicht erlaubt. Das Gleiche gilt übrigens auch für Rituale wie Witwenverbrennung oder Verfütterung an die Geier. Wer eine sogenannte Luftbestattung wünscht, muss nach Tibet gehen. Dort ist so etwas normal, aber nur, weil Erdbestattung wegen des zugefrorenen Bodens und Verbrennung wegen fehlender Brennstoffe schwierig ist.

236 Es gibt Fälle, in denen man sich noch zu Lebzeiten trennen muss, weil es einfach nicht mehr auszuhalten ist. Nur zwei Beispiele: 1.: Eifersucht: Man hat die Alte auf dem Rücken liegend mit dem besten Freund erwischt. Oder

2.: Eifersucht: Der Partner beschläft alles, was nicht bei drei auf dem Baum ist. Das kommt vor.

Weitere gute Trennungsgründe sind:

- Schlechter Atem und mangelnde Bereitschaft, etwas dagegen zu tun
- Dummheit, auch wenn man sich den Vorwurf gefallen lassen muss, dass es schlau gewesen wäre, den Sachverhalt ein bisschen früher zu erkennen
- Mangelnde Bereitschaft, auf eine Schlange als Haustier zu verzichten
- Wahnsinn
- Mitgliedschaft bei AfD, NPD, der Partei bibeltreuer Christen, der Scientology-Sekte, dem Ku-Klux-Klan, der DKP-Ortsgruppe Bad Honnef oder der Cosa Nostra
- vieles mehr

Eigentlich gibt es weit mehr Gründe, sich zu trennen, als zusammenzubleiben. Gründe, sich nicht zu trennen, sind:

- Liebe
- Geld
- Passt schon.

Wenn sich eine Trennung nicht mehr vermeiden lässt, schwören sich beide Partner, gute Freunde zu bleiben und die Trennung nicht zum üblichen Rosenkrieg werden zu lassen, wie es so oft **237** vorkommt unter Idioten. Dann bricht der übliche Rosenkrieg aus.

Im Interesse beider Seiten gilt im Fall einer Beziehungsauflösung:

EINE TRENNUNG HAT MÖGLICHST ZIVILISIERT UND IM EINKLANG MIT DEN GESETZLICHEN BESTIMMUNGEN ZU ERFOLGEN!

Das Anheuern von russischen Inkassounternehmen, die finanzielle Forderungen mit der Androhung von körperlicher Gewalt untermauern, ist untersagt, auch wenn man sich im Recht fühlt.

AUF EINE AUFTEILUNG DER KINDER SOLLTE VERZICHTET WERDEN, VOR ALLEM BEI EINZELKINDERN!

FÜNFTES BUCH:

WORUM GING ES HIER EIGENTLICH?

ÜBER DIESES
BUCH

Ein Buch zu schreiben ist eine langwierige Angelegenheit. Oft versucht man, einer thematischen Gliederung zu folgen, einen Bogen zu spannen oder stringent zu argumentieren. Dies ist in diesem Buch anders. Aus gutem Grund.

Die meisten Bücher werden heute nicht mehr durchgelesen, sondern zwischendurch geschmökert. Kein Mensch ist mehr in der Lage, einem Bogen zu folgen. Die Aufmerksamkeitsspanne ist heute viel zu gering. Zwischendurch macht es »pling«, und eine WhatsApp kommt herein. Nebenher News, Breaking News, Fake News und New News. Außerdem Mails, ein Anruf (wie vulgär, es sei denn, es wurde vorher per WhatsApp um Erlaubnis gefragt), Mitteilungen, Updateaufforderungen, und in der Post ist noch eine Todesanzeige. Ruckzuck ist man raus und weiß nicht mehr, auf welcher Seite man beim Lesen unterbrochen wurde.

● SAN CHRISTÓBAL // MEXIKO ●

Bedeutung ist eine komische Sache. Manchmal ist sie da, aber man erkennt sie nicht. Anderswo vermutet man tiefe Symbolhaftigkeit, die sich als Belanglosigkeit erweist. Ein Hase mit Sturmhaube kann ein Aufruf zur anarchistischen Revolution sein oder nur ein Witz. Vielleicht handelt es sich hier auch um das Bildnis eines Tauchers, hinter dem zwei Blauwale abtauchen. Der Froschmann hat bei einem Haiangriff seinen Unterleib verloren, will aber nicht aufgeben. Dann ist dieses Bild ein Symbol für heroisches Durchhalten. Ich persönlich glaube, dass es sich hier um einen Esel handelt, der einen Banküberfall plant. Er wird scheitern.

Es ist also egal, ob sich im Buch Brüche, Wiederholungen oder Motivwiederaufnahmen finden. Der Leser wird es selten bemerken. Wirrnis gibt ihm das Gefühl, sich zu Hause zu befinden. Auch im richtigen Leben wird man ständig unterbrochen und weiß nicht mehr, wo man war. Schafft man es, den Leser zu verwirren, wird sein Heimatgefühl geweckt.

Der Rezipient beginnt erneut mit dem Lesen und ist gefesselt. Der Leser freut sich, auch wenn er das Ganze in leicht abgewandelter Form bereits 50 Seiten vorher gelesen hat.

In Zeiten, in denen sich das Lesen zur elitären Kulturtechnik wandelt, sollte man vom Buchkäufer nicht mehr erwarten, dass er in der Lage ist, größeren Zusammenhängen zu folgen. Um auch jugendliche Leser bei der Stange zu halten, empfiehlt es sich, den Buchinhalt als anarchisches Knäuel zu zelebrieren.

Unzusammenhängendes aneinandergereiht entspricht der jugendlichen Weltwahrnehmung. Kaum ein Mensch ist heute noch in der Lage, Dinge in einen größeren Wirkzusammenhang einzuordnen. Wo sich die Welt als chaotisches Konstrukt darbietet, wirken Erzählströme konstruiert und unnatürlich!

Deshalb hier ein Rezept für ein wirklich großartiges Rindergeschnetzeltes mit roter Mango-Curry-Paste:

Erdnüsse rösten, hacken und mit roter Currypaste, wenig Wasser und Ingwer anschwitzen. Anschließend Kaffirlimettenblätter, Koriander, klein geschnittene Mango, Austernsoße, Sojasoße, Sesamöl, Zitrone und ein bisschen Rohrzucker hinzugeben. **243**

Geschnetzeltes Rindfleisch auf einer Teriyaki-Platte oder in sehr heißer Pfanne außen knusprig braten und in der Soße servieren. Dazu Rosenkohl und in wenig Sesam- und etwas mehr Erdnussöl geröstete Bratkartoffeln mit Sesamsamen servieren. Großartig!

PRAKTISCHE TIPPS

Und nun ein praktischer Lebenstipp:

FAHR!

In der Stadt ist, wenn nicht anders ausgewiesen, eine Geschwindigkeit von 50 Kilometern in der Stunde erlaubt. Das ist heute vielen Fahrern unbekannt. Entweder sie rasen mit mehr als 80 Kilometern durch viel zu enge Gassen oder sie schleichen mit 39 nebeneinander über zweispurige Hauptverkehrsstraßen. Im Verkehr ist es wie im richtigen Leben: Die Extreme setzen sich durch.

Von außen ist nicht mehr ablesbar, wer im Wagen sitzt. Schon am Auspuff erkannte man früher den Spacken hinterm Steuer. Abiturientinnen dagegen fuhren Panda. Heute gibt es rasende Rentner und höfliche Straßenkavaliere mit Migrationshintergrund. Die Welt ist ein Chaos!

Früher wurden langsam vor sich hin trudelnde Kleinwagen von alten Menschen gelenkt, die einen Hut und eine umhäkelte Klorolle auf der Rückablage mit sich führten. Ein Schlangenlinien

244

fahrendes Auto wurde von einem Betrunkenen chauffiert.

Heute weist selbst kurzfristiges Verlassen der Fahrbahn, schlingerndes Antitschen von Radlern oder Schleichen auf der linken Spur nicht mehr auf Alkohol hin, sondern darauf, dass der Fahrer seine Musikbibliothek durchblättert, E-Mails checkt oder versucht, das Ladekabel in den winzigen Slot an der Unterseite des Smartphones zu fingern. Es gibt viele Gründe, zu fahren, ohne vorn rauszugucken. Meistens aber wird nur eine Kurznachricht beantwortet. Im Zeitalter des Internets wird zeitnahe Rückmeldung erwartet. Da ist es oft nicht möglich, den Wagen erst noch auf dem Standstreifen abzustellen.

Wem das Buch an dieser Stelle ein wenig wirr erscheint, ist nicht zu helfen. Er ist alt und nicht mehr in der Lage, den in der heutigen Zeit unter jungen Menschen üblichen Gedankensprüngen zu folgen. Man muss nicht alles verstehen. Und in der Wirrnis ungeordneter Gedanken liegt oft mehr Weisheit als in der scheinbaren Ordnung festgefahrener Gedankenpfade.

Ein Mensch in seinen besten Jahren ist heute multitaskingfähig. Er liest nicht nur diese Seite, sondern hört zeitgleich Musik, surft im Internet, schaut sich ein paar YouTube-Filmchen an und fährt dabei ein Moped, dass er sich per App beim Sharingpartner seiner Wahl ausgeliehen hat. Eine eigene Karre ist sowas von 20. Jahrhundert! Und mit ein paar Wodka intus geht alles ganz leicht von der Hand.

245

DIE ENTSTEHUNG
DER WELT

Für die älteren Leser möchte ich nun wieder ein bisschen Ordnung in den Lesestoff bringen.

Am Anfang schuf Gott Himmel und Erde. So wird es zumindest von seinen Anhängern kolportiert. Allerdings behaupten die Wähler im Mittleren Westen der USA, es sei nicht Gott gewesen, sondern Donald Trump. Und sie mögen es gar nicht, wenn man sie fragt, was vorher war, wo er seine Freizeit vor der Schöpfung verbrachte und wieso er nicht schon vorher irgendwo Licht angemacht hat.

Davon ausgehend, dass Raum und Zeit in Wirklichkeit mit dem Urknall entstanden sind und dass wir die Kräfte, die diesen Riesenrumms auslösten, niemals kennenlernen werden, können wir annehmen, dass es zwar einen Schöpfer gegeben haben muss, im Sinne einer Kraft, die alles veranlasst hat, dass wir ihn aber kaum beschreiben oder benennen können.

Wir können aber mit an Sicherheit grenzender Wahrscheinlichkeit davon ausgehen, dass, als alles losging, nicht zuerst das Wort war oder Himmel und Erde oder das Licht, sondern ein Gewimmel von Urteilchen, wahrscheinlich Gluonen, Myonen, Quarks, Protonen, Neuronen und jede Menge sonstiger Krempel, teilweise Zeugs, das heute niemand mehr vermisst.

In der Folge entstanden Sterne und Sternhaufen, Galaxien und Galaxienhaufen und andere Dinge sowie Haufen von anderen Dingen. So entstand auch unser Planet irgendwo an einem unbedeutenden Ort in einem unbedeutenden Bezirk der unbedeutenden Milchstraße. Wir können mit an Sicherheit grenzender Wahrscheinlichkeit sagen, dass Gott uns an prominenterer Stelle platziert hätte, wenn er irgendetwas Spezielles mit uns vorgehabt hätte.

Auf unserem Planeten entwickelte sich aufgrund der günstigen Voraussetzungen Leben, so wie höchstwahrscheinlich auch auf vielen anderen Planeten, die wir aber aufgrund unserer technischen Rückständigkeit nicht kennen.

Auf anderen Planeten unseres Sonnensystems passierte das nicht, weil Wetter und Schwerkraft nicht passend waren. Auf Jupiter beispielsweise ist es kalt, und aufgrund der Gravitation würden selbst Hänflinge mehrere Tonnen wiegen. Auf dem Mars dagegen wäre selbst ein großer Fettsack ein echtes Leichtgewicht. Auf dem Mond gibt es keine Luft und auf der Venus keinen Wohnungsbau.

Aus den ersten Aminosäuren und anderen organischen Verbindungen entwickelte sich Leben, zunächst nur Einzeller, dann aufgrund der großen Erfindungskraft dieser Spezies plötzlich Mehrzeller. Aus Würmern entstanden Fische, die an Land gingen und zu Reptilien wurden. Als die Saurier ausstarben, war der Weg frei für die Säugetiere. Sie entwickelten sich vom Nager und Jäger zum Schreihals und Hysteriker. Das sind wir.

Dabei hätten wir allen Grund, Ruhe zu be- **247**

wahren! Wir verschlafen ein Drittel unseres Lebens, und wenn wir Fleisch essen wollen, greifen wir nicht mehr zum Speer, sondern zur Kreditkarte.

Wir leben an ausgesprochen günstiger Position in der Schöpfung. Millionen Jahre vor uns war es dagegen vergleichsweise ungemütlich. Die Tiere massakrierten sich gegenseitig, und der Mensch war nicht mehr als eines von ihnen. Heute gehen wir sorglos in die geheizte Bude, ärgern uns, dass die Kinder wieder nicht aufgeräumt haben, und trinken Wodka Tonic, bis wir alles aushalten.

WIR SOLLTEN DEMÜTIG UND DANKBAR SEIN!

Danach können wir dann gemeinsam darüber nachdenken, wie wir alles noch besser machen können.

FORTSCHRITT

In der Geschichte der Menschen hat sich vor wenigen Jahrzehnten herausgestellt, dass Mitglieder unserer Art in Grenzen bereit sind, füreinander zu sorgen. Vor ungefähr 150 Jahren entstand deshalb bei uns das Sozialversicherungssystem, auch um des sozialen Friedens willen, weil man befürchtete, dass Menschen, deren Leben ein einziger Dreck ist, den Umsturz planen könnten. Deshalb hat sich der Kapitalismus bei uns humanisiert.

248 Nun kriegen wir Rente, bis wir 100 sind, und wenn wir dann noch leben, sogar darüber hinaus. Die, die arbeiten, ernähren die, die keine Arbeit haben. Das ist alles andere als selbstverständlich und kommt in freier Natur nur selten vor.

FREUT EUCH AM FORTSCHRITT!

Früher gehörte das gegenseitige Abstechen zum Zwecke der Territorialerweiterung zum Alltagsleben dazu. Heute sind große Teile unseres Lebens von gegenseitiger Rücksichtnahme geprägt. Junge Menschen stehen in der U-Bahn auf, um alten Leuten einen Sitzplatz freizumachen. So sollte es jedenfalls sein. Leider passiert es selten. Und wenn einer aufsteht, ist es in 98 Prozent der Fälle ein Jugendlicher mit Migrationshintergrund. Unter ihnen gibt es wenigstens teilweise noch Respekt vor dem Alter. Sie machen den Sitz frei mit den Worten: »Ö! Machisch Platz, mussisch eh raus! Mussisch Bahnhof.«

Prima. Früher aber stand niemand auf, denn die U-Bahn war noch nicht erfunden. Es ist nicht alles schlecht heute.

Der medizinische Fortschritt ist unaufhaltsam. Das liegt an der Pharmaindustrie, die unermüdlich forscht, um Gewinne mit neuen Medikamenten zu generieren. Das ist eine gute Sache. Erfahrungsgemäß ist der Fortschritt immer dort am größten, wo Menschen durch Profitgier motiviert werden. Wer behauptet, mit Gesundheit dürfe kein Geschäft gemacht werden, hat das nicht verstanden. Die großen Erfindungen der Menschheit sind nicht aus Menschenliebe entstanden, sondern aus der Sehnsucht, einen Vorteil herauszuschlagen. Es kann für alle nur von Nutzen sein, wenn wir es schaffen, **249** das kreative Potenzial der Profitgier zu nutzen. Ohne gäbe es nicht einmal Aspirin.

Die großen Seuchen sind auf dem Rückzug. Die Pest ist fort. Selbst Malaria bekommen wir langsam, aber sicher in den Griff, und es sind nicht die Gutmeinenden, die das bewirkt haben, sondern die kapitalistischen Mechanismen, denen die pharmazeutischen Großkonzerne gehorchen.

Ab und zu sterben immer noch Kinder an den Masern. Das liegt aber meist daran, dass Eltern auf eine einfache und harmlose Impfung verzichtet haben, weil sie glaubten, die Impfindustrie wolle ein Geschäft mit ihren Kindern machen. Solchen Menschen ist nicht zu helfen. Sie pflegen ihre paranoiden Fantasien auf Kosten ihrer Nachkommen.

Ich wäre deshalb einer Impfpflicht gegenüber offen, weil es hier nicht um die Freiheit der verrückten Eltern geht, sondern um das Überleben der Kinder.

Bald wird es vielleicht sogar eine Ebola-Impfung geben, und wenn, dann wird sie jede Menge Leben retten. Aber es wird sicher auch da Eltern geben, die ihre Kinder lieber sterben lassen, als sie der Pharmaindustrie anzuvertrauen, selbstverständlich aus purer Sorge um ihre Liebsten.

Selbst eine HIV-Infektion ist heute kein Todesurteil mehr. Es geht voran. Mütter überleben in der Regel heute ihre dritte Geburt, oft sogar die vierte. Und eine Blutgrätsche vor dem eigenen Strafraum führt nur noch selten zum Ableben, seit sie mit der gelben Karte sanktioniert wird. Alles wird besser!

250 Auf Rückspiegeln in Amerika steht »Objects in mirror are closer than they appear!«. Seitdem bleiben selbst Vollidioten auf ihrer Spur, weil sie das, was sie im Außenspiegel sehen, nicht mehr für eine Rakete beim Wiedereintritt in die Atmosphäre halten. Der Fortschritt ist unaufhaltsam.

Wahrscheinlich wird es bald schon Warnungen in Badezimmerspiegeln geben. Sie werden den sich sorgenden Menschen zu Beginn des Tages sagen: »Objects in mirror are more alive than they appear!« Vielleicht hilft es. Alles, was dazu beiträgt, ein bisschen bessere Laune in unsere Zivilisation zu bringen, sollte uns willkommen sein.

ZUVERSICHT

ZUVERSICHT IST DER BRENNSTOFF, MIT DEM WIR IN DIE ZUKUNFT REISEN.

Vollgetankt mit positivem Denken rasen wir vorwärts in der Zeit. Leider ohne Bremse. Man kann nicht alles haben.

Wenn wir in die Zukunft blicken, dann oft angsterfüllt. Wir denken an überschwappende Ozeane, an Chinesen, die mit geschulterten Presslufthämmern in unser Land eindringen und den Kölner Dom abreißen, um Platz zu machen für ein Einkaufszentrum. Wir denken an Schwarzafrikaner, die zu Millionen auf Schlauchbooten den Rhein heraufrudern, um anschließend die Düsseldorfer Altstadt in einen Kral zu verwandeln. Und keiner denkt daran, dass dies eine kulturelle Verbesserung darstellen könnte.

251

Wir denken mit Schrecken an unerbittlich heiße Sommer mit wochenlangem schönen Wetter, das uns alle zum Schwitzen bringen wird, und an warme Winter, die dafür sorgen werden, dass es nie mehr Rhabarber geben wird, weil überall wilde Mangobäume wuchern. All dies beunruhigt uns zu Recht!

Wir haben Visionen von Robotern, die sich in unseren Häusern ausbreiten, das Bier wegtrinken und Schlagermusik hören, weil ihre Hörzentren falsch programmiert wurden. Am Ende saugen sie auch noch die Bude, mähen den Rasen und putzen die Fenster. Wird es wirklich so schlimm?

Wir denken an ein deutsches Fußballnationalteam, das unter der Leitung von Jogi Löw in der ersten Runde der Afrikameisterschaft an Burkina Faso scheitert. Dann wird uns der Pessimismus übermannen. Und natürlich auch überfrauen. Und übersonstigen. Denn auch die Gendergleichheit kommt.

Nicht alle Ängste sind unberechtigt. Die Zukunft birgt, oh Wunder, wie immer, Gefahren, auch existenzielle. Und es ist gut, dass Millionen Menschen daran arbeiten, sie zu bewältigen. Die Zukunft wird von denen gemacht, die daran arbeiten und kreativ sind, nicht von denen, die im Weg stehen und jammernd versuchen, sie aufzuhalten.

Wir sollten unseren Blick nicht immer nur auf das lenken, was uns Angst einflößt. Dann entfernt man sich seelisch von der hysterischen Grundstimmung unserer Zeit, vom dumpfen Dauergrollen der medialen Dauererregung, und wird wieder klar im Kopf. Die Zukunft ist niemals ausschließlich positiv oder negativ. Und wenn wir uns ängs-

252

tigen, sollten wir uns ins Gedächtnis rufen, dass mit Sicherheit auch Gutes auf uns wartet.

Den naiven Untergangsgläubigen sei gesagt: Viele böse Menschen, die uns heute Angst machen, werden in den nächsten 100 Jahren sterben. Das ist gut! Donald Trump wird wahrscheinlich schon in 30 Jahren nicht mehr unter uns weilen. Die biologische Beschränktheit des menschlichen Organismus birgt durchaus Tröstliches.

Auch Retschpetsch Tatschputsch Erdoğan wird dann nicht mehr Sultan der Osmanen sein und Adolf Hitler nicht mehr Führer der Deutschen. Das ist er bereits heute nicht mehr. Aber es ist vielleicht gut, das ab und zu auch offen auszusprechen, vor allem seit die AfD im Bundestag sitzt und wirrer völkischbiologistischer Quatsch wieder Konjunktur hat.

In der Zukunft wird es wahrscheinlich keine Menschen mehr geben, die daran glauben, dass die Unterschiede zwischen den Völkern an Hirngrößen oder Ausbreitungstypen liegen. Dann wird auch dem Letzten aufgefallen sein, dass die irrsinnige Angst vor der ethnischen Unreinheit nur eine weitere Spielart der in Deutschland üblichen paranoiden Zukunftsphobie gestörter Seelen ist.

Die Probleme der Welt werden, wenn überhaupt, nicht von hasserfüllten Ignoranten oder angstbesessenen Sandalenträgern gelöst, erst recht nicht von gottesgläubigen Irrationalisten, sondern von Visionären und Erfindern. Nicht die im Weg stehenden, ewig beleidigten Pessimisten werden uns die entscheidenden Ideen liefern, auch nicht die Betenden, sondern lösungsorientierte Tüftler, **253** wahrscheinlich auch Menschen, die sich einen persönlichen Profit von der Problemlösung versprechen. Gerne! Bitte schön!

Sie werden das CO_2 aus der Luft saugen und die kinetische Energie von Ebbe und Flut zur Energiegewinnung nutzen. Sie werden die Energie im Inneren der Erde anzapfen und die genetischen Fähigkeiten der Nutzpflanzen verbessern. Vielleicht werden sie auch ganz andere Dinge tun, die heute noch unsere Fantasie übersteigen.

Irgendwann wird unseren Ingenieuren auffallen, dass der weltweite Süßwassermangel, vor allem in den heißen Klimazonen, einfach zu beheben ist. Man braucht dafür nur Wasser. Unser Planet besteht aber zu einem nicht unwesentlichen Teil aus H_2O. Leider ist es oft versalzen. Solarstrombetriebene Seewasserentsalzung durch schwimmende Anlagen auf den Weltmeeren ist eine Technologie, in die ich gerne mein ganzes Geld investieren würde. Ich bitte um die Zusendung entsprechender Wertpapierkennnummern an meinen Verlag. Sollte jemand durch diesen Absatz auf eine gute Idee gekommen sein, bitte ich um nicht mehr als ein Promille Beteiligung. Das sollte reichen, um unverschämt viel Kohle zu machen.

Da die meisten Drecksarbeiten in Zukunft von Maschinen übernommen werden, wird es viele Menschen geben, die ihr mangelndes Talent in ihrer Freizeit ausleben werden. Es wird viele schlechte Künstler geben und lausige Musiker, Einradfahrer Jongleure und Seifenblasenbläser.

254 Arbeit wird nicht mehr die Einkommensquelle Nummer eins sein. Das führt dazu, dass viele Bürger Geld bekommen, ohne etwas dafür geleistet zu haben. Das ist zwar großzügig, aber der Mensch wird dadurch nicht unbedingt glücklicher. Viele stellen es sich ganz wunderbar vor, einfach gratis vor sich hin zu leben. Aber eine Existenz als Leistungsempfänger ist nicht unbedingt das, was den Menschen mit Bestätigung erfüllt.

Viele werden sich deshalb anderweitig anbieten, um ihr Selbstwertgefühl ein bisschen aufzupeppen. Sie werden klöppeln, trommeln, malen, schreinern, schneidern oder singen. Wir werden Räume für diese Menschen schaffen müssen, wo sie den von ihnen gewählten Tätigkeiten nachgehen können, ohne dass man von ihnen etwas hört oder sieht. Denn nicht jedes bei sich selbst vermutete Talent ist wirklich vorhanden.

Wenn endlich alle Menschen gleichberechtigt sein werden, werden Blinden- und Frauenfußballspiele genauso viele Zuschauer haben wie die Spiele der Herren oder Transsexuellen. Wenn wirklich Gleichberechtigung herrscht, werden bei Blindenfußballspielen auch Sehende mitmachen dürfen. Und bei den Frauen auch Intersexuelle, Geschlechtsambivalente und Menschen, die sich keinem Geschlecht zuordnen können, nicht einmal dem der Fußballspieler*_Innininnen.

Jeder wird machen, was er will. Und alle anderen müssen klatschen! Das wird auch nicht unbedingt großartig. Aber vielleicht besser, als man glaubt. Oder wenigstens erträglich.

255

FREU DICH AUF DAS,
WAS KOMMT!

Es wird wahrscheinlich ebenso verrückt sein wie das, was hinter uns liegt. Aber anders.

Die Zukunft ist im Nebel! Deshalb gilt:

ALLES, WAS DU HEUTE VON DER ZUKUNFT ERWARTEST,
WIRD EXAKT SO NICHT EINTRETEN!

ZUKUNFT
DER HEIMAT

Viele Menschen glauben, dass Milliarden Afrikaner Europa stürmen werden und unseren Kontinent in ein vorgeschichtliches, finsteres, verschleiertes Loch verwandeln. Das ist unwahrscheinlich. Schon wenn nur die Hälfte aller Afrikaner bei uns wäre, würde jeder Afrikaner erkennen, dass er den schwierigen Weg nach Europa nur auf sich nehmen würde, um wieder in Afrika zu landen. Er wird also auf die Anreise verzichten.

So weit wird es nicht kommen. Wenn sich Europa jeder Veränderung verweigert, wie es derzeit aussieht, und die Zukunft in der Vergangenheit sucht, dann wird es nicht nur den Anschluss verpassen, sondern auch seine Anziehungskraft verlieren. Die Menschen werden woanders hingehen, überall dorthin, wo Chinesen billige Arbeitskräfte brauchen, nach Pakistan und Sri Lanka, nach Äthiopien oder Taka-Tuka-Land.

256

Vielleicht kommt es aber auch anders. Wir wissen es nicht. Seien wir ehrlich: Wir haben keine Ahnung, was auf uns zukommt! Es wäre nur schön, wenn uns frühzeitig jemand Bescheid sagen würde, wo wir hinmüssen, wenn hier nichts mehr geht und sich die Europäer auf den Weg machen, ein besseres Leben woanders zu suchen.

Worauf man sich möglicherweise einstellen kann:

HEIMAT WIRD BALD KEIN TERRITORIUM MEHR SEIN, SONDERN EIN GEFÜHL, EINE INSEL ODER EINE MELODIE!

Das ist nichts Schlimmes. Denn Heimat hat sich immer gewandelt. Wer zwischen 1830 und 1870 gelebt hat, hat die Industrialisierung erlebt, eine Veränderung, wie sie radikaler nicht hätte sein können. Wer zwischen 1910 und 1960 lebte, hat zwei Weltkriege durchgemacht. Wer die letzten 30 Jahre dabei sein durfte, hat den Siegeszug von Computern, Facebook und Youporn gesehen. Und wer zwischen 1320 und 1360 lebte, durfte an der Pest teilnehmen.

Kriege gab es immer, auch zwischen 1558 und 1587, zwischen 1588 und 1617, zwischen 1618 und 1647. Und 1648 auch. Danach war kurz Frieden. Dann ging es wieder los. Eine kriegsfreie Periode wie die jetzige, von 1945 bis heute, ist in der Geschichte Mitteleuropas einzigartig. Wir sollten dankbar sein und alles daransetzen, dass sie noch lange anhält.

Afrika wird sich verändern. Europa auch. Ebenso ist es mit Asien, Amerika und dem Oberpfälzer Wald. Dort wird es aber noch am ehesten so **257**

• YITI ∥ OMAN •

Die Natur befindet sich ebenso wie der von Menschen geschaffene Lebensraum in stetem Wandel. Heute leben wir im Anthropozän, also in einer Ära der Weltgeschichte, in der der Mensch die entscheidende Kraft bei der Gestaltung des irdischen Lebensraumes darstellt. In einem solchen Zustand werden Allmachtsfantasien zu einer großen Gefahr. Wir fragen uns zu Recht: Was darf der Mensch? Wenn er Palmen auf Kacheln erscheinen lassen kann, ist eine ethische Grenze mit Sicherheit überschritten.

bleiben wie es war. Vielleicht noch in Ålesund und in Tasmanien. Ansonsten geht es voran, zur Seite und vereinzelt auch nach hinten. Wohin auch immer …

WAS KANN
DIE POLITIK TUN?

N atürlich soll all das, was ich bisher geschrieben habe, nicht bedeuten, dass alles gut sei auf der Welt und es nichts mehr zu tun gäbe.

ES GEHT IMMER BESSER!

Es gibt im Übrigen sogar noch reichlich Elend auf der Welt. Es ist noch viel zu tun! Aber da wir vom Elend 24 Stunden am Tag erfahren, war es mir ein Bedürfnis, auf die gute Seite der Welt hinzuweisen, die weniger oder selten bis nie wahrgenommen wird – aber durchaus existent ist.

Wenn wir uns vom Strom der Negativität im Medienzeitalter mitreißen lassen, wird nichts besser werden. Nur mit Zuversicht lässt sich etwas Positives erreichen. Die Welt, wie wir sie aus den Medien kennen, ist ein Loch. Sie ermutigt nicht zur Verbesserung, sondern schreit nach Resignation.

Natürlich sollte man sich fragen: Was kann die Politik besser machen? Nicht viel. Die überwältigende Mehrheit erwartet von der Politik nicht weniger, als dass sie unsere Zukunft gestaltet. Das kann sie nicht. Das ist auch gar nicht ihre Aufgabe! Das müssen Menschen machen, nicht Politiker.

259

Deshalb sind viele Bürger unzufrieden. Sie begreifen nicht, dass sie ihre Zukunft selber bauen müssen.

POLITIK SETZT NUR DIE RAHMENBEDINGUNGEN. ERFINDEN, GESTALTEN, VERÄNDERN MÜSSEN WIR SELBST.

Der Staat verwaltet, sorgt sich um Unterstützung und verhindert Missbrauch. Und er kümmert sich darum, dass derjenige bestraft wird, der uns auf dem Heimweg von der Arbeit mit 130 in der Spielstraße überfahren hat.

Bei der Verbesserung der Bedingungen unseres Zusammenlebens steht sich der Staat leider oft selbst im Weg. Wenn beispielsweise Mieterschutz und Energieeinsparungsgesetze, gut gemeinte Dinge, die ich selbstverständlich prinzipiell unterstütze, dazu führen, dass es sich nicht mehr lohnt, Wohnungen zu bauen, ist der Schuss nach hinten losgegangen.

Genügend Wohnraum gibt es nur, wenn sich der Wohnbau für den, der ihn durchführt, lohnt. Wohin es führt, wenn so etwas von Behörden organisiert wird, konnte man in der DDR beobachten. Was in der Erinnerung gerne untergeht: Das ganze Land war am Ende morsch und einsturzgefährdet. Der Ostteil unseres Landes ist nicht in einwandfreiem Zustand übergeben worden. Die DDR war schwarzbraun angekokelt, landstrichweise von Chemie zerfressen und vielerorts unbewohnbar. Sie war kein Übernahmeobjekt, sondern eine Altlast. Es gab nicht einmal mehr Wandfarben und Kloschüsseln. Die

260

DDR ist nicht erobert worden. Sie ist zusammengebrochen.

Fortschritt für alle wird es nur da geben, wo Eigennutz zugelassen ist und wo die ökonomischen Rahmenbedingungen profitables Wirtschaften ermöglichen. Wohnungen müssen nicht, wie es heute vorgeschrieben ist, hermetisch abgedichtet werden. Wenn man eine nach heutigen Normen gebaute Wohnung zwei Wochen lang nicht lüftet, müssen die Bewohner damit rechnen, vor einer Woche erstickt zu sein.

Dafür kostet die Herstellung des Wohnraumes ein Vielfaches dessen, was früher üblich war. Sich jährlich verschärfende Dämmvorschriften haben längst dazu geführt, dass ein Haus zwischen den verschiedenen Dämmschichten nur noch schmale Gänge zum Durchschreiten der abgedichteten Räume übrig lässt.

An jeder freien Stelle ist zudem ein Brandmelder unterzubringen. Die Brandmelderindustrie hat sich durch die aktuelle Gesetzgebung an gigantische Zuwachsraten gewöhnt. Sie arbeiten mit ihren Lobbyisten daran, dass eine Feuerüberwachung bald auch in der Kloschüssel vorgeschrieben wird.

Wer sich über steigende Mieten in Neubauten wundert, sollte wissen, dass die Energievorschriften und ein rigides Mietrecht dazu führen, dass sich die Erstellung von neuem Wohnraum im normalen Mietsegment kaum noch rechnet. Der Beleg für diese These ist einfach: Sonst würde es jemand tun.

In Berlin werden Baugenehmigungen von den Behörden sowieso nur noch nach jahre- **261** langer Wartezeit erteilt. Die zuständigen, sich selbst als links begreifende Politiker verhindern gerne den Wohnraumbau! Warum? Vielleicht weil ihre Parteien gewählt werden, weil sie über mangelnden Wohnraum klagen.

Gerade vermeintlich sozial Denkende stehen oft im Weg, wenn es darum geht, etwas sozialer zu machen. Wir doktern an Symptomen herum, anstatt die Ursachen zu bekämpfen. Wer Röteln hat, wird kaum dadurch geheilt, dass im Bundestag von Gutmeinenden ein Verbot der Pustelbildung beschlossen wird.

Politik ist nicht dafür zuständig, unser Leben zu organisieren oder gar zu finanzieren. Wenn du darauf wartest, dass dir von Regierungsseite aus mitgeteilt wird, wie du zu Wohlstand kommen kannst, wirst du es kaum zu gutem Einkommen bringen. Dann solltest du dich nicht beklagen, sondern an deiner Eigeninitiative arbeiten, anstatt ständig andere für das verantwortlich zu machen, was dir fehlt.

FEGE VOR DEINER EIGENEN TÜR!

Diesen Vorschlag darfst du ruhig wörtlich nehmen, vor allem im Herbst, wenn die Blätter fallen. Vielleicht gibt es dafür ein gutes Trinkgeld von den Mitbewohnern.

Im Winter tut es oft auch eine Schneeschaufel. Bei Schneefall ist eine Räumung von 7:00 bis 20:00 Uhr vorgeschrieben. Bei andauerndem Schneefall muss mehrfach täglich geschippt werden, auch wenn der Schneefall völlig überraschend kam und sich der Hausbesitzer auf Reisen befindet, irgendwo zwischen Lombok und Kuala Lumpur. Er hat auch dort die Pflicht, sich, Zeitverschiebung eingerechnet, von 13:00 bis 2:00 Uhr morgens darum zu kümmern, ob zu Hause noch Flocken fallen. Eigentum verpflichtet. Für Anarchie und Schneefall kann man in Deutschland nicht das Wetter verantwortlich machen.

FAZIT

Wer hier anfängt zu lesen, kann sich den Rest sparen. Es ist heute üblich, Zeitsparen als oberste Priorität zu betrachten. Wer liest heute noch ganze Bücher, wenn es eine Zusammenfassung tut? Zeit ist Geld. Selbst die Bibel lässt sich in wenigen Sätzen zusammenfassen. Hier:

Gott ist unzufrieden mit seiner Schöpfung und lässt alles in einer riesigen Flut absaufen, aber seine recht radikale Therapie fruchtet nicht. Nichts ist besser als vorher. Gott treibt seine Späße mit Hiob, verliert die Freude an der Schöpfung und schickt seinen Sohn auf die Erde, um alles wieder auf die Schiene zu bringen. Am Ende lässt er ihn umbringen, weshalb die ganze Menschheit erlöst ist von der sogenannten Erbsünde, also einem Vergehen, das die längst verstorbene Eva begangen hat, aber seitdem auf allen lastete. Der Sohn entkommt dem Tod durch Auferstehung, und alle sind erlöst. Er fährt in den Himmel auf, von wo aus er irgendwann **263** wiederkehren wird, wahrscheinlich nicht heute. Ende.

Wem diese Zusammenfassung nicht ausreicht, wird die ganze Bibel lesen müssen. Danach wird er auch nicht schlauer sein. Das hat aber mit diesem Buch hier nichts zu tun. Ich versuche es noch einmal …

FAZIT – 2.VERSUCH

W er hier anfängt zu lesen, kann sich den Rest sparen, weil ab hier alles noch einmal zusammengefasst wird. Man muss sich allerdings darüber im Klaren sein, dass es einen Grund hat, warum das Buch nicht gleich hier anfängt.

Erstens wäre es dann kein Buch geworden, sondern ein Heft, maximal eine Schrift oder ein Pamphlet. Zweitens wären viele Dinge herausgefallen, die mir wichtig waren oder witzig erschienen. Ich hätte auch noch ein paar Urologenwitze einbauen können, um den Text eingängiger zu gestalten. Bei einer Verbraucherbefragung unter Leuten, die sich selbst als Frauen bezeichneten, kam das aber nur bedingt gut an.

Verschwörungstheoretiker werden einwerfen, dass ich in Wirklichkeit mehrere Buchstabenfolgen im Buch untergebracht habe, die menschliche Hirne umprogrammieren sollen, weshalb man beim Lesen einen Hut aus Aluminium tragen sollte, damit sich die schädlichen Zeichenfolgen nicht mit dem im Äther schwingenden Programmiercode austauschen können. Das ist so nur bedingt richtig.

Natürlich war eine Umprogrammierung des Lesers intendiert, aber nur zu seinem Besten. Ziel dieses Buches war es, einerseits Frohsinn zu stiften, andererseits dafür zu sorgen, dass die Leserschaft eine positivere Grundstimmung dem Leben gegenüber entwickelt und darauf verzichtet, mit der Waffe in der Hand ideologische Forderungen zu stellen oder sich auf dem Marktplatz in die Luft zu sprengen. Wenn ich nur einen Leser davon abhalten konnte, eins dieser beiden Dinge zu tun, hat sich der Aufwand bereits gelohnt.

Dieses Buch richtete sich an allerlei Geschlechter, auch wenn dies weder durch Sterne noch durch Unterstriche oder angehängte weibliche Endungen verdeutlicht wurde. In der Sprache, die sich im Wesentlichen in Zeiten entwickelt hat, die keine Gleichberechtigung kannten, sind über Generationen hinweg sprachliche Grobheiten entstanden wie jene, dass mit dem Oberbegriff »Schüler« sowohl Schüler als auch Schülerinnen gemeint sind. Wer nun, da Schüler und Schülerinnen selbstverständlich vor dem Gesetz gleich sind und auch in der Gesellschaft gleichermaßen geschätzt oder missachtet werden, die Sprache durch ideologische Eingriffe verändern will und Menschen dazu zwingen möchte, Wortungetüme zu verwenden, und zwar aus moralisch-ideologischen Gründen, der hat nicht verstanden, dass Sprache sich nur langsam und durch Gebrauch verändert, und zwar von ganz allein und nicht durch gesellschaftlichen Gruppendruck. Der, die oder das kann deshalb nicht auf meine Unterstützung bei der Sprachzerstörung rechnen.

Wenn sie, er oder es sorgfältigere Formulierungen und Formulierunginnen vermisst hat, tut es mir, ihr, sie leid. Ich wollte Frauen, Mädchen, Jungen, Andersgeschlechtlichen und Andersgeschlechtlich*_innen nicht zu nahe treten. Allerdings: Beleidigten zu sagen, dass man auch mal fünf gerade lassen kann, war ein Teilziel dieses Buches. Wobei das mit den »fünf gerade« vielleicht gerade an dieser Stelle ein schlechtes Bild ist, weil es gegendert wahrscheinlich fünf*_vier hätte heißen müssen.

Da Zahlen kein Geschlecht haben, dennoch aber mit dem weiblichen Artikel verwendet werden, sind sie quasi Vorläufer einer matriarchalischen Sprache. Die Acht oder die Zwei möchte ich hier nur als Beispiele erwähnen. Beide sind weiblich! Ich hätte auch die Zwölf oder die 125 nehmen können! Nur der 26 fällt da ein bisschen heraus, wobei ich mir da auch nicht sicher bin. Ich bin vom Weg abgekommen …

FAZIT –
3. VERSUCH

Worum es in diesem Buch ging, ist mir selber noch nicht ganz klar. Einerseits hätte ich meine Leserschaft gerne von der in Deutschland landestypischen depressiven Weltsicht befreit, andererseits möchte ich den Menschen auch nicht ihre Heimat nehmen, und die ist hierzulande genau da, wo Wut und Klage allgegenwärtig sind.

Ich habe in meiner pädagogischen Ausbildung gelernt, dass misstrauisches Hinterfragen der gesellschaftlichen Realitäten Grundlage jedes Fortschritts ist. Ich möchte deshalb meine Leser (und Leserinnen, beziehungsweise Lesende, auch Tiere und Sachen!) dazu anhalten, die auf das Negative fixierte Grundhaltung hierzulande kritisch zu hinterfragen. Solange wir in einer Mediengesellschaft leben, wird meine Mühe, so fürchte ich, vergeblich sein.

Medien zeigen das Außergewöhnliche. Und solange nicht bei jedem Unfalltoten mitgemeldet wird, wie viele andere unfallfrei zu Hause angekommen sind, wird nach jeder Nachrichtensendung der Eindruck zurückbleiben, die Welt sei ein einziges Unglück.

Erst wenn wir es schaffen, das, was wir mit den Augen sehen, also das alltägliche Leben, genauso ernst zu nehmen wie die jährliche Kriminalstatistik oder den YouTube-Clip aus dem Bürgerkrieg, werden wir begreifen, dass die Welt im Wesentlichen aus Überlebenden besteht.

Unsere Normalität ist nicht die Katastrophe, auch wenn es uns im hysterisierten Alltag so suggeriert wird. Der Alltag prägt unsere Welt. Das Ergreifendste im Leben liegt im Belanglosen. Wir gehen hinaus in die Welt und kehren wieder heim. So geht es tagein, tagaus. Niemand meldet das.

Das Leben ist Mahlzeit, ist waschen, laufen und schlafen.

Liegen, stehen, lieben, hassen.

Nehmen, geben, Wasser lassen.

Herrliche Dinge, die bei uns zu wenig Wertschätzung genießen. Deswegen nehmen wir sie zu wenig wahr.

**VERWEIGERE DICH DER ALLTÄGLICHEN PANIK.
RIECHE DEN WIND!
DANN ARBEITE AN NEUEM.**

Wir sehen, wir hören, wir fühlen.

Alles wird und vergeht.

Die Sonne geht auf, die Sonne geht unter. Wir müssen das nicht ändern.

Ein Problem taucht auf. Wir lösen es. Manchmal müssen wir lange grübeln. Manchmal gelingt es nie. Und oft müssen wir es nehmen, wie es kommt.

Wenn wir etwas ändern wollen, sollten wir es anpacken. Aber wir sollten in Betracht ziehen, dass sich unsere Meinung ändern könnte.

Dann haben wir einfach Lust auf eine Tasse Kaffee. Wer sich aber fragt, wie man im Angesicht des drohenden Klimawandels, der Migrationskrise oder des Populismus einfach eine Tasse Kaffee trinken kann, hat das Buch nicht verstanden. Er

268

muss mit dem Lesen von vorn beginnen. Oder sie. Oder was.

Die anderen können etwas erfinden, was uns weiterbringt. Ich werde gerne dafür bezahlen. Denen nichts einfällt, sei gesagt: Da kann man nichts machen. Schade, aber: Bitte plärrt mir jetzt nicht selbstmitleidig die Ohren voll!

Der Wind weht. Wenn nicht, auch gut. Vielleicht wird er stärker. Wir sollten vorsorgen. Gute Fenster schaden nicht, auch wenn der Wind ausbleibt. Dann können wir die Fenster öffnen und das Blätterrascheln in den Baumkronen genießen.

Einatmen. Ausatmen. Gucken. Aha sagen. Oder etwas machen. Mehr geht nicht.

Einfach Nuhr die Welt retten

Dieter Nuhr
DIE RETTUNG DER WELT
408 Seiten
mit Abbildungen
ISBN 978-3-404-60983-3

Es fühlt sich an wie der reinste Hexenkessel: Hinter jeder Straßenecke lauert ein Dschihadist, das Weiße Haus ist nur noch Kulisse einer Skandal-Reality-Soap, und die Nachrichten gleichen einem Katastrophenfilm. Doch war früher wirklich alles besser? Keineswegs – die Menschen hatten nur weniger Angst! Dieter Nuhr nimmt auf unnachahmliche Weise unsere Geschichte von den 68ern über den Fall der Mauer bis Donald Trump aufs Korn und erklärt, warum die Welt noch nie so gut war wie heute – schließlich nimmt er sich ganz persönlich ihrer Rettung an ... Seine anti-alarmistische Botschaft: Alles wird gut!

Bastei Lübbe

Was Google nicht weiß und andere ganz und gar subjektive Wahrheiten

Pil Cappelen Smith (Hrsg.)
WELTWISSEN FÜR
ANALOGDENKER
Die Enzyklopädie der
ausgedachten Fakten
Aus dem Norwegischen
von Karoline Hippe
216 Seiten
mit Abbildungen
ISBN 978-3-7857-2649-5

Fakten bestimmen unser Denken. Doch sie drohen die Welt zu entzaubern und den Geist zu langweilen. Statt strenger Definitionen entschlüsselt dieses Lexikon seine Begriffe mit klugen, provokanten und poetische Assoziationen. Plötzlich überrascht uns Altbekanntes und vermeintliche Tatsachen bringen Inspiration. Denn wenn die Realität auf den Kopf gestellt wird, verwandelt sich die Wirklichkeit in eine Wundertüte und wird zu einem Schatz für alle schrägen Denker.

Bastei Lübbe

Einfach Nuhr die Welt retten

Dieter Nuhr
DIE RETTUNG DER WELT
408 Seiten
mit Abbildungen
ISBN 978-3-404-60983-3

Es fühlt sich an wie der reinste Hexenkessel: Hinter jeder Straßenecke lauert ein Dschihadist, das Weiße Haus ist nur noch Kulisse einer Skandal-Reality-Soap, und die Nachrichten gleichen einem Katastrophenfilm. Doch war früher wirklich alles besser? Keineswegs – die Menschen hatten nur weniger Angst! Dieter Nuhr nimmt auf unnachahmliche Weise unsere Geschichte von den 68ern über den Fall der Mauer bis Donald Trump aufs Korn und erklärt, warum die Welt noch nie so gut war wie heute – schließlich nimmt er sich ganz persönlich ihrer Rettung an ... Seine anti-alarmistische Botschaft: Alles wird gut!

Bastei Lübbe

Was Google nicht weiß und andere ganz und gar subjektive Wahrheiten

Pil Cappelen Smith (Hrsg.)
WELTWISSEN FÜR
ANALOGDENKER
Die Enzyklopädie der
ausgedachten Fakten
Aus dem Norwegischen
von Karoline Hippe
216 Seiten
mit Abbildungen
ISBN 978-3-7857-2649-5

Fakten bestimmen unser Denken. Doch sie drohen die Welt zu entzaubern und den Geist zu langweilen. Statt strenger Definitionen entschlüsselt dieses Lexikon seine Begriffe mit klugen, provokanten und poetische Assoziationen. Plötzlich überrascht uns Altbekanntes und vermeintliche Tatsachen bringen Inspiration. Denn wenn die Realität auf den Kopf gestellt wird, verwandelt sich die Wirklichkeit in eine Wundertüte und wird zu einem Schatz für alle schrägen Denker.

Bastei Lübbe